教育部人文社科基金项目（项目编号：14

中国情境下
创业型领导对新创企业成长的影响机制研究

陈奎庆　彭　伟◎著

Study on the Impact Mechanism of
Entrepreneurial Leadership on the Growth of New Venture

经济管理出版社
ECONOMY & MANAGEMENT PUBLISHING HOUSE

图书在版编目（CIP）数据

中国情境下创业型领导对新创企业成长的影响机制研究/陈奎庆，彭伟著 . —北京：经济
管理出版社，2019.12
ISBN 978 - 7 - 5096 - 6734 - 7

Ⅰ.①中…　Ⅱ.①陈…　②彭…　Ⅲ.①企业领导—影响—企业成长—研究—中国　Ⅳ.①F279.23

中国版本图书馆 CIP 数据核字（2019）第 273501 号

组稿编辑：张巧梅
责任编辑：张巧梅
责任印制：任爱清
责任校对：陈　颖

出版发行：经济管理出版社
　　　　　（北京市海淀区北蜂窝 8 号中雅大厦 A 座 11 层　100038）
网　　　址：www. E - mp. com. cn
电　　　话：(010) 51915602
印　　　刷：三河市延风印装有限公司
经　　　销：新华书店
开　　　本：720mm×1000mm/16
印　　　张：12. 25
字　　　数：222 千字
版　　　次：2019 年 12 月第 1 版　　2019 年 12 月第 1 次印刷
书　　　号：ISBN 978 - 7 - 5096 - 6734 - 7
定　　　价：78. 00 元

前　言

　　党的十九大报告指出："就业是最大的民生，要坚持就业优先战略和积极就业政策，实现更高质量和更充分就业，鼓励以创业带动就业。"国务院审议通过的《关于推动创新创业高质量发展　打造"双创"升级版的意见》也提到，要按照高质量发展要求，深入实施创新驱动发展战略，进一步优化创新创业环境，提升创业带动就业能力，增强科技创新引领作用，为实现更充分就业和经济高质量发展提供坚实保障。从中可以看出，"以创业带动就业"既是当前我国政府的重要政策取向，同时也不失为破解当前我国就业难问题、促进创业型经济形成的重要途径。然而，在实践中，创业活动并没有预想的那么顺利，创业失败的例子远远超过创业成功的案例。据调查，我国新创企业的平均年龄仅有3年，大多数新创企业以失败告终。因此，如何促进新创企业顺利成长已经成为我国创业实践中亟待解决的现实问题。目前，在创业理论研究中，解释新创企业成长问题通常从创业者、资源、战略、组织结构和系统等方面展开，其中创业者一直是创业研究中的焦点议题之一。以往研究更多的是从创业者自身出发，关注创业者的特质或其他人口统计学特征与非创业者的差异，以此来解释创业活动以及新创企业成长绩效的来源，但这类研究并没有得到一致的结论。随着创业研究的不断深入，越来越多的学者指出要从创业者的领导行为出发来解释创业者在创业过程中的重要作用。作为一种新型领导风格，创业型领导在创业活动中日益扮演着重要角色。

　　尽管是在实践层面发展迅速，但在理论层面，学界对创业型领导如何促进新创企业成长尚未给出系统的解答。目前，学者们对创业型领导的内涵还没有达成一致的结论，创业型领导的结构维度尚不明晰；国内文献对创业型领导的测量多借鉴国外学者开发的量表，缺乏中国情境下创业型领导的测量工具；现有研究大多探讨创业型领导对企业成长的直接影响效应，缺乏对创业型领导作用机制的深入研究。

基于上述背景，本书试图澄清中国情境下创业型领导的内涵和结构维度，编制创业型领导的本土化测量量表，在此基础上，就创业型领导如何影响新创企业成长这一研究议题进行深入的研究，以期丰富创业型领导和新创企业成长领域的研究成果，同时为我国新创企业成长提供更多的理论依据和实践参考。具体来说，本书通过三个子研究层层深入，对创业型领导的结构维度、测量工具及其对新创企业成长的作用机制进行了全面深入的研究。

本书第3章（子研究一）采用质化研究方法澄清中国情境下创业型领导的内涵，建立中国情境下创业型领导的结构模型。结果表明，中国组织情境下的创业型领导包含审势相机、因势而动、构建网络、激情感召、激发创新5个维度。审势相机指领导者具有大局观，能及时洞察经营机会和危机，从多渠道收集信息，善于分析形势环境，对未来有正确预测，是中国创业型领导内涵中不可缺少的部分；因势而动指领导者具有角色能动性，可根据情况变化制定目标、灵活决策，善于发现机会并充分利用机会，是中国情境下创业型领导的关键维度，具有鲜明的本土化特色；构建网络指领导者善于利用人际交往手段和客户、供应商、政府部门、合作者保持良好关系；激情感召指领导者自身拥有的成功渴望、工作热情、宏大愿景，并对下属工作产生激励作用；激发创新指领导者突破常规思维界限，鼓励员工尝试多种工作方法，从多角度思考问题，合理授权以激发创造力。

国内现有研究大多借鉴国外创业型领导的测量量表，缺乏本土化测量量表。对此，第4章（子研究二）在第3章的基础上开发了创业型领导的测量量表，并通过实证研究验证量表的信度和效度。具体而言：①在子研究一的基础上，子研究二编制了创业型领导的初始量表，利用样本1进行两次探索性因子分析（EFA），最终得到创业型领导的5个维度以及17个题项的修订量表，探索性因子分析以及项目分析的结果表明创业型领导的17个题项均符合心理学测量的要求。②利用样本2的数据对创业型领导的5个维度结构进行验证，结果表明1阶5因素和2阶1因素结构的拟合指数均较好，由此可见创业型领导是一个五维度构念，并且5个维度存在一个共同的高阶因素。③利用样本2、样本3进行信度检验，结果表明创业型领导测量量表具有良好的内部一致性信度和重测信度。④创业型领导量表具有良好的区分效度与收敛效度。基于样本3的回归分析结果表明，在加入年龄、性别、学历等控制变量后，创业型领导对员工变革承诺、突破性创新等均具有显著的预测效果，因此创业型领导量表具有良好的预测效度。综上所述，子研究二构建的创业型领导量表具有良好的内部一致性信度、区分效度、收敛效度以及预测效度。

现有研究在探究创业型领导与新创企业成长的关系时，大多对其直接效应进行考察，缺少对创业型领导影响新创企业成长的内在作用机制的研究。对此，本书第5章（子研究三）运用问卷调查的方法，基于188家新创企业样本的调查数据，在探讨创业型领导与新创企业成长关系的基础上，以探索式创业学习和利用式创业学习作为中介变量，深入剖析创业型领导对新创企业成长的作用机制，同时以组织冗余作为调节变量，探讨创业型领导影响新创企业成长的边界条件。研究结果表明：①创业型领导对新创企业成长具有显著的正向影响。②探索式创业学习和利用式创业学习在创业型领导影响新创企业成长的过程中发挥部分中介作用。③已吸收冗余在创业型领导影响新创企业成长的过程中发挥量著的负向调节作用。该研究结论揭示了创业型领导影响新创企业成长的内在机制，厘清了创业型领导影响新创企业成长的边界条件。

通过上述三个子研究的深入分析，本书明晰了中国组织情境下创业型领导的结构维度，开发了创业型领导的本土化测量量表，揭示了中国情境下创业型领导影响新创企业成长的作用机制。基于上述发现，本书最后在第6章中讨论了研究结果的实践启示。

本书的实践价值主要体现在以下两方面：一是为创业型领导有效促进新创企业成长提供了理论依据和实践参考；二是为政府部门制定出台促进新创企业成长的政策提供了相应的决策参考。

目　　录

第1章　绪论

1.1　研究背景

1.1.1　现实背景

党的十九大报告指出我国经济已由高速增长阶段转向高质量发展阶段。作为国民经济的细胞，企业在促进经济和社会良性发展方面发挥着重要作用。自国家提出"双创"政策以来，大量新创企业不断涌现。新创企业能够创造就业机会，形成新产业或振兴旧行业，从而推动社会经济增长、提升我国全球竞争力，是"大众创业、万众创新"的重要组成部分①。然而，新创企业存在资源获取能力差、合法性不足等缺陷，导致其存活率普遍较低。如何扫除新创企业成长道路上的障碍已成为管理实践的重要现实问题。创业者的领导行为对新创企业的成长和绩效具有重要影响②③。创业者凭借其决策能力，能够合理配置资源、有效激励员工，最终帮助企业实现目标。

变革型领导注重激发下属的高层次需要，激励员工努力工作，更多的是强调

① 张海丽，张晓棠，宋熊熊．初创战略导向对新创企业存活率的影响机制 ［J］．科技进步与对策，2019，36（17）：20-27.

② Sandberg W R, Hofer C W. Improving new venture performance：The role of strategy, industry structure, and the entrepreneur ［J］. Journal of Business Venturing, 1987, 2 (1)：5-28.

③ Baum J R, Locke E A. The relationship of entrepreneurial traits, skill, and motivation to subsequent venture growth ［J］. Journal of Applied Psychology, 2004, 89 (4)：587-598.

与员工的内部互动，相对缺乏对外部环境的关注①；魅力型领导则是通过人格特质影响下属，同样忽视外部关系网络的构建②；愿景型领导通过向员工传达愿景以达到激励员工的目的③。然而，变革型领导、魅力型领导以及愿景型领导所能有效应对的均不是动态复杂的外界环境。如今，我国已步入经济新常态阶段，处于转型经济期，市场环境快速变化。面对当前VUCA的时代背景，创业者要有一种能够快速应对环境变化的领导方式，这样才能更好地保障新创业成长。创业型领导兼具创业者和领导者的特点，能够有效地进行机会识别和开发，指引成员共同努力进而实现组织目标④，是一种有助于应对外部不确定性的领导风格。

在实际管理的过程中，不少成功的领导者都具备创业型领导特质。例如宗庆后，作为娃哈哈的大家长，他将一家校办企业发展成为现在的饮料帝国。在娃哈哈发展的三次转折点，宗庆后凭借对市场的准确把握，识别并充分利用机会，研发儿童营养液实现原始积累，而后引入纯净水生产线打开未知市场，进而推出全新产品营养快线创下最高销售纪录⑤。又如泰豪科技创始人黄代放的创业事迹，在一次对外贸易中，由于对方国家的政治原因，客户单方面撕毁合同且涉及金额特别大。黄代放知道后第一句话先问损失多大，第二句话问能不能转卖或者跟客户沟通，第三句话问买卖不行能不能转投资，随后安慰企业员工。他强调既然事情已经发生，更应该考虑如何把意外情况处理好，即使处理不好，对泰豪也不会产生致命打击，企业也能扛得住⑥。作为公司董事长，黄代放在企业面临危机时，勇于承担风险，促进企业成长。一个企业如果不懂得创新，那终将会被市场淘汰，企业的创新又离不开个体员工的努力。马云也曾强调："要创业首先要思考"，"创新决定一切，改变一切"。阿里巴巴的成功就是马云及其团队不断创新的最好佐证。

从这些案例中可以看出，创业型领导具有大局观，善于分析形势，能够抓住并充分利用机会，勇于承担风险，积极鼓励员工创新，引领组织变革，最终提高企业的市场竞争力并取得成功。

① 李超平，时勘. 变革型领导的结构与测量 [J]. 心理学报，2005 (6)：97 – 105.
② 冯江平，罗国忠. 我国企业魅力型领导的特质结构研究 [J]. 心理科学，2009，32 (1)：207 – 209 + 250.
③ 李效云，王重鸣. 企业领导愿景的内容和结构研究 [J]. 软科学，2005 (3)：7 – 9.
④ 杨静. 创业型领导研究述评 [J]. 中国人力资源开发，2012 (8)：5 – 9.
⑤ 杨昊. 宗庆后：自主创新 企业勃兴 [J]. 中国品牌，2018 (S2)：36 – 37.
⑥ 杨斌，陈生民. 新生代创业型领导者的中国梦之路 [J]. 清华管理评论，2016 (5)：14 – 25.

创业型领导起源于西方，近年来也日益受到国内学术界和实践界的广泛关注。改革开放 40 多年来，我国经济增长由粗放型逐渐向集约型转变，由高速增长逐渐向中高速增长转变，由要素驱动逐渐向创新驱动转变，由高能耗逐渐向绿色循环可持续发展转变，由数量增长逐渐向质量发展转变①。在经济发展的新时期，国家为打好稳定和就业的硬仗，提出了"大众创业、万众创新"的口号，随后颁布了一系列鼓励创新创业的政策措施。在新时代，创业已成为全民关注的焦点。从大学生等草根创业者到海归创业者或是辞职创业者，社会各界都纷纷投入到创业的大潮中②。由于全民重视和创业环境的改善，我国已位居全球创业活跃度较高的国家之列③。

在不确定性较高的创业环境中，对于如何带领新创企业实现快速成长，企业领导者必须表现出与以往领导者不同的行为特征，即能够适应外部快速变迁的环境并准确识别和开发创业机会，进而带领下属持续创新以实现组织愿景（杨静，2012）。在中国企业家的管理实践过程中，部分创业者已经具备创业型领导的风格。对于互联网企业家来说，BAT 三大巨头能够应对瞬息万变的互联网环境，进而识别机会，应对挑战，最终获得竞争优势；对于制造业企业家来说，在供给侧结构性变革的背景下，部分创业者积极寻求转变，并运用各种科学技术实现产业转型。

1.1.2　理论背景

战略管理关注企业如何获得竞争优势，但随着外部环境的快速变化，目前所有不同规模的企业都面临着"竞争新局面"的挑战，当前的竞争优势也许就是以后的企业劣势④。面对新时代下管理的挑战，学者们的研究重点已经从静态的竞争力模型和资源基础模型转移到动态的变革模型⑤。战略管理学者开始关注战

---

①　史亚洲. 改革开放 40 年经济改革成就、特征与经验［J］. 西安财经学院学报，2019，32（4）：30 - 37.

②　闫华飞，孙元媛. 双元创业学习、创业拼凑与新企业成长绩效的关系研究［J］. 管理学刊，2019，32（3）：41 - 51.

③　董延芳，张则月. 中国创业者创业机会识别研究［J］. 经济与管理评论，2019，35（6）：57 - 67.

④　李剑力. 战略型创业研究评介［J］. 外国经济与管理，2007（9）：19 - 25.

⑤　李华昌，嵇安奕，李华晶. 动态复杂环境下高层管理者的创业型领导角色探析［J］. 商业时代，2009（19）：128 - 129.

略柔性、组织学习、动态能力等在企业成长中的重要性①②③。

区别于关注企业竞争优势的战略管理研究者，创业研究者更关注创新。创业活动的本质是机会导向、创新与变革、超前行为、创造性地整合资源和创造价值④。在开展创业活动的过程中，企业可能会过分追寻机会、过分强调创新、过分追求成长，最终导致一系列的创业活动困境（李剑力，2007）。企业要想在新的竞争环境下取得成功，必须要重视创新的结果，而这些结果就表现为企业绩效，因此创业和战略管理两者存在相互融合的可能。

相关研究证实创业与战略管理之间存在交叉现象⑤⑥⑦，为此学术界提出了战略创业的概念并形成相应的理论。相关研究认为企业通过整合寻求机遇的创业行为和获得竞争优势的战略行为来持续创造企业财富（Hitt et al.，2001；Ireland et al.，2003），创业者的领导风格对于企业形成创新氛围、适应快速变迁的市场环境具有十分重要的作用⑧。此外，也有研究认为企业领导者为核心的高层管理团队在驱动企业战略选择、战略改变方面至关重要。为此学者们认识到领导者在创业领域和战略管理领域发挥着不可替代的作用。

以往经典的领导理论很少关注创业领域，但随着创业热潮的不断涌起，已有的适用于成熟企业的领导风格并不能很好地适应新创企业情境。这使创业型领导受到领导力研究领域和创业研究领域学者的共同关注⑨。McGrath 和 Mac-Millan（2000）⑩ 指出，企业的战略管理要融合创业心智和创业型领导，强调创

① Aaker D A, Mascarenhas B. The need for strategic flexibility [J]. The Journal of Business Strategy, 1984, 5 (2)：74 – 82.
② Garwin D A. Building a learning organization [J]. Harvard Business Review, 1993, 71 (4)：73 – 91.
③ Teece D J, Pisano G, Shuen A. Dynamic capabilities and strategic management [J]. Strategic Management Journal, 1997, 18 (7)：509 – 533.
④ 张玉利. 新经济时代的创业与管理变革 [J]. 外国经济与管理, 2005, 27 (1)：2 – 6 + 14.
⑤ Eisenhardt K M, Brown S L, Neck H M. Competing on the entrepreneurial edge [J]. Entrepreneurship as Strategy, 2000：49 – 62.
⑥ Hitt M A, Ireland R D, Camp S M, et al. Strategic entrepreneurship：Entrepreneurial strategies for wealth creation [J]. Strategic Management Journal, 2001, 22 (6 – 7)：479 – 491.
⑦ Ireland R D, Hitt M A, Sirmon D G. A model of strategic entrepreneurship：The construct and its dimensions [J]. Journal of Management, 2003, 29 (6)：963 – 989.
⑧ Swiercz P M, Lydon S R. Entrepreneurial leadership in high – tech firms：A field study [J]. Leadership & Organization Development Journal, 2002, 23 (7)：380 – 389.
⑨ 文晓立, 陈春花. 过程导向的创业型领导研究述评与展望 [J]. 领导科学, 2018 (29)：25 – 28.
⑩ McGrath R G, MacMillan I C. The entrepreneurial mindset：Strategies for continuously creating opportunity in an age of uncertainty [M]. Harvard Business Press, 2000.

业型领导的重要性。为了确立创业型领导的合法地位，国外学者从不同角度界定其内涵（杨静，2012）。Ireland 和 Hitt（1999）① 最早对创业型领导的内涵进行定义，他们认为创业型领导是能够通过团队协作来引发组织可行性变革的创造能力，同时还兼具灵活性、能进行战略思考等能力。Gupta 等（2004）② 从不同角度分析，认为创业型领导是通过构建愿景来赢得下属承诺、获得下属支持，并且激励下属致力于战略价值的发现与探索的领导行为。此后，Renko 等（2015）③ 在现有研究的基础上提出了创业型领导是一种识别和利用创业机会，通过影响和指导员工绩效来实现组织目标的领导行为，是个人影响力的具体风格④。

近年来，创业型领导也受到了国内学者的关注。基于中国情境，相关学者对创业型领导的内涵结构进行了探究，推动了创业型领导的本土化进程。蔡光荣和唐宁玉（2006）⑤ 在文献综述的基础上提出创业型领导的理论模型，并通过开放式问卷调查最终得出敏锐洞察、自主创新、身体力行、勇于竞争、精细经营、承担风险、远景目标和激励他人八个维度。此研究的样本集中在上海一个地区，缺乏大规模的定量调查。此后，杨静和王重鸣（2013）⑥ 运用扎根理论方法开发了变革背景下中国女性创业型领导的多维结构，包括变革心智、培育创新、掌控风险、整合关系、亲和感召与母性关怀，此研究针对女性领导者展开，并且验证了女性创业型领导对员工个体层面和组织层面的影响，但缺乏一定的普适性。总的来说，创业型领导的内涵与结构维度研究不多，目前尚处于起步阶段。

对于创业型领导的测量工具，国外学者从不同的角度进行开发，但总体来说形成的测量量表不多。由于中西方文化存在显著差异，直接使用西方测量量表进

---

① Ireland R D, Hitt M A. Achieving and maintaining strategic competitiveness in the 21st century: The role of strategic leadership [J]. Academy of Management Executive, 1999, 13 (1): 43 - 57.

② Gupta V, MacMillan I C, Surie G. Entrepreneurial leadership: Developing and measuring a cross - cultural construct [J]. Journal of Business Venturing, 2004, 19 (2): 241 - 260.

③ Renko M, Tarabishy A E, Carsrud A L, et al. Understanding and measuring entrepreneurial leadership style [J]. Journal of Small Business Management, 2015, 53 (1): 54 - 74.

④ 刘迫，陈艳. 国外创业型领导测量研究回顾及展望 [J]. 科技进步与对策，2015，32 (10): 155 - 160.

⑤ 蔡光荣，唐宁玉. 创业领导关键维度的探索性研究 [J]. 华东交通大学学报，2006，23 (6): 39 - 43.

⑥ 杨静，王重鸣. 女性创业型领导：多维度结构与多水平影响效应 [J]. 管理世界，2013 (9): 102 - 117.

行中国情境下的实证研究会降低其说服力。因此，少数中国学者开发了创业型领导的本土化测量量表（蔡光荣和唐宁玉，2006；杨静和王重鸣，2013），但因样本选择局限在某一地区或只针对女性创业型领导而缺乏普遍适用性。为了进一步推进创业型领导的本土化研究，开发创业型领导的本土化量表是很有必要的。

回顾相关研究，国外学者对创业型领导与员工创业自我效能感、工作创新行为、团队创造力、企业绩效和企业成长等变量之间的关系开展了实证研究①②③④⑤，但仍缺乏对创业型领导作用机制的深入探讨。与国外学者相似，国内对创业型领导的研究也体现在个体、团队、组织三个层面上，但国内研究起步较晚，主要聚焦在创业型领导对企业绩效、企业成长和员工组织承诺等变量影响的探讨上⑥⑦⑧⑨。总体来说，国内外学者对创业型领导作用机制的研究还略显不足。

创业型领导作为一个综合性概念，兼具创业者和领导者的特质，所具有的特征与中国经济发展大环境相匹配。因此，中国情境下创业型领导具有怎样的行为特征？它与已有的领导概念存在哪些异同之处？能否开发出一个有效的创业型领导本土化量表来识别和测量这个概念？中国情境下创业型领导如何对新创企业成长产生影响以及为何能产生影响？对这些问题进行深入研究无疑具有重要的理论意义。

① Chen M H. Entrepreneurial leadership and new ventures: Creativity in entrepreneurial teams [J]. Creativity & Innovation Management, 2007, 16 (3): 239 –249.

② Laspita S, Breugst N, Heblic S, et al. Intergenerational transmission of entrepreneurial intentions [J]. Journal of Business Venturing, 2012, 27 (4): 414 –435.

③ Mgeni T O. Impact of entrepreneurial leadership style on business performance of SMEs in Tanzania [J]. Journal of Entrepreneurship & Organization Management, 2015, 4 (2): 1 –9.

④ Newman A, Herman H M, Schwarz G, et al. The effects of employees' creative self – efficacy on innovative behavior: The role of entrepreneurial leadership [J]. Journal of Business Research, 2018, 89 (1): 1 –9.

⑤ Cai W, Lysova E I, Khapova S N, et al. Does entrepreneurial leadership foster creativity among employees and teams? The mediating role of creative efficacy beliefs [J]. Journal of Business and Psychology, 2019, 34 (2): 203 –217.

⑥ 史娟. 深圳市创业型领导行为、创业导向与创业绩效研究 [D]. 北京：北京交通大学，2012.

⑦ 徐娟. 创业型领导行为与创业绩效关系研究 [D]. 广州：暨南大学，2013.

⑧ 李恒，李玉章，陈昊，等. 创业型领导对员工组织承诺和工作满意度的影响——考虑情绪智力的中介作用 [J]. 技术经济，2014，33 (1): 66 –74.

⑨ 黄胜兰. 创业型领导对新创企业绩效的作用机理研究 [D]. 合肥：中国科学技术大学，2015.

1.2 研究问题

1.2.1 澄清中国情境下创业型领导的内涵与结构

对于创业型领导的内涵与结构，已有学者对其进行研究。Morris 等（2001）①总结出了创业型领导所具有的三大特征：主动性、创新性以及风险承担性；Covin 和 Slevin（2002）② 将创业型领导概括为培育创业能力、反思看似简单的问题或具有欺骗性的问题、将创业和战略管理相结合、保护破坏性创新、重视创业机会的识别与开发、质疑主流逻辑六大特征；Gupta 等（2004）则从领导者面临的挑战出发，提出创业型领导的两维度五角色模型，分别为愿景设定（构建挑战、吸收不确定性、指明路径）和角色设定（建立承诺、阐明约束）；Femald 等（2005）③ 归纳总结得出创业型领导的五个维度，分别是愿景建立、问题解决、决策制定、风险承担和战略积极；Siddiqui（2007）④ 从素质角度分析创业者成功因素，如下属因素、智力因素、身体因素、行为因素、神经因素、任务因素、创新因素；Hejazi（2012）⑤ 选择从战略因素、沟通因素、个人因素和激励因素 4 个方面综合评价创业型领导。虽然国外学者从不同角度对创业型领导的内涵结构进行描述，但是这些结构存在相似之处。西方的创业型领导集中体现在愿景建立、风险承担、战略积极主动、创新等特征上。与此相比，中国情境下创业型领导则体现出本土化特征。例如，当领导应对外部环境时，会有一种大局观和整体

① Morris M H, Schindehutte M, LaForge R W. The emergence of entrepreneurial marketing: Nature and meaning [C] //15th Annual UIC Research Symposium on Marketing and Entrepreneurship, 2001.

② Covin J G, Slevin D P. The entrepreneurial imperatives of strategic leadership [M]. In Hitt M A, Ireland R D, Camp S M and Sexton D L (Eds.), Strategic entrepreneurship: Creating a new mindset. Oxford: Blackwell Publishers, 2002: 309 – 327.

③ Femald L W, Solomon G T, Tarabishy A. A new paradigm: Entrepreneurial leadership [J]. Southern Business Review, 2005, 30 (2): 1 – 10.

④ Siddiqui S. An empirical study of traits determining entrepreneurial leadership – An educational perspective [J]. Skyline Business Journal, 2007 (4): 37 – 44.

⑤ Hejazi S A M, Malei M M, Naeiji M J. Designing a scale for measuring entrepreneurial leadership in SMEs [C] //International Conference on Economics, Marketing and Management, IPEDR. 2012, 28 (2): 71 – 77.

观，其谋篇布局不是只着眼于现在，眼光长远；领导者在利用机会时懂得取舍和变通，时刻保持当机立断；在与员工沟通互动的过程中，领导者会向员工传达自己的精神，激发下属的工作热情。以上特征表明存在不同于西方创业型领导的概念。

同一概念在不同文化背景下会体现出不同的特征，因此迫切需要对中国情境下创业型领导展开研究。目前，我国少数学者对创业型领导的概念内涵进行本土化研究（蔡光荣和唐宁玉，2006；杨静和王重鸣，2013），大部分学者借鉴的是国外的定义。此外，相比于创业型领导，国内学者更多关注变革型领导、魅力型领导和愿景型领导（李效云和王重鸣，2004；李超平和时勘，2005；冯江平和罗国忠，2009）。鉴于以上情况，本书要解决的第一个研究问题是：西方创业型领导的内涵是否适用于中国组织？中西方情境下创业型领导的内涵到底有何差别？中国情境下创业型领导与其他本土化领导概念有何异同？

因此，本书预期达到的第一个目标：澄清创业型领导的内涵与结构，厘清创业型领导各个维度之间的关系，并在内涵结构上与变革型领导、魅力型领导、愿景型领导和西方的创业型领导等进行区分，以深化对中国情境下创业型领导内涵的认识。

1.2.2 开发创业型领导的本土化测量量表

目前，国外学者基于西方情境开发了创业型领导的测量量表，并运用于创业型领导的大量实证研究中。在中国学术界，很少有学者开发出创业型领导的本土化量表。已有研究更多的是借鉴西方的测量工具展开研究，特别是 Gupta 等（2004）编制的二维度五角色二十题项量表[1][2][3]。这显然难以推动创业型领导的本土化实证研究，不能真实体现出中国情境下创业型领导如何影响个体、团队和组织，进而难以保证研究结论的有效性和可靠性。虽然有学者已开发出创业型领导的本土化量表，但因其样本选择局限在某一地区或只是针对女性创业型领导进行研究，导致所得量表缺乏普遍适用性。本书要解决的第二个研究问题是：能否在中国情境下开发一个更加有效的创业型领导的测量量表，使其能够为理论研究

① 陈奎庆，朱晴雯，毛伟. 创业型领导与新创企业成长——基于双元性创新的中介效应研究 [J]. 常州大学学报（社会科学版），2017，18（6）：61-71.
② 阎美君. 创业型领导者对创业绩效影响研究 [D]. 重庆：西南大学，2018.
③ 郭衍宏，高英，李思志. 创业型领导对追随者创造力的影响——工作情境与非工作情境双路径研究 [J]. 科技进步与对策，2019，36（19）：145-152.

和实践运用提供可靠的测量工具？

基于以上情况，本书预期达到的第二个目标：开发中国情境下创业型领导的测量工具，并使其具有较高的信度和效度以满足心理测量学的要求。

1.2.3 探讨中国情境下创业型领导的作用机制

领导行为能够有效地影响个体、团队和组织，最终帮助组织实现目标。国外学者对创业型领导的影响效果展开了实证研究，并取得较多的成果。相比于个体和团队层面，创业型领导的结果变量研究主要集中在组织层面。这些研究证实了创业型领导对企业绩效、国际人力资本管理、企业全球竞争力、企业创新、企业成长和企业可持续性具有积极的促进作用①②③④⑤⑥⑦。然而，这些大多数是基于西方情境而展开的研究。国内学者借鉴西方情境下编制的创业型领导量表就中国情境下创业型领导对企业绩效、创业组织绩效、新创企业绩效、创业绩效、新创企业成长等的影响进行了相关研究（陈奎庆等，2017；阎美君，2018；史娟，2012；徐娟，2013；黄胜兰，2015），但这些研究主要探讨了创业型领导对结果变量的直接影响，对其中的作用机理并没有给予足够的重视⑧⑨。针对这一问题，

---

① Devarajan T P, Ramachandran K. Entrepreneurial leadership and thriving innovation activity［J］. Journal of Business Venturing, 2002, 23（3）: 1190 - 1199.

② Van Z H J C, B Mathur - Helm. Exploring a conceptual model, based on the combined effects of entrepreneurial leadership, market orientation and relationship marketing orientation on South Africa's small tourism business performance［J］. South African Journal of Business Management, 2007, 38（2）: 17 - 24.

③ Ling Y, Jaw B. Entreprenenurial leadership, human capital management, and global competitiveness: An empirical study of Taiwan MNCs［J］. Journal of Chinese Human Resource Management, 2011, 21（2）: 117 - 135.

④ Arshi T A, Viswanath S. Entrepreneurial leadership and innovation: An empirical study on organizational leadership characteristics and entrepreneurial innovation intensity［J］. American Journal of Social Issues & Humanities, 2013, 3（5）: 234 - 243.

⑤ Koryak O, Mole K F, Lockett A, et al. Entrepreneurial leadership, capabilities and firm growth［J］. International Small Business Journal, 2015, 33（1）: 89 - 105.

⑥ Mokhber M, Tan G G, Vakilbashi A, et al. Impact of entrepreneurial leadership on organization demand for innovation: Moderating role of employees innovative self - efficacy［J］. International Review of Management & Marketing, 2016, 6（3）: 415 - 421.

⑦ Al Mamun A, Ibrahim M, Yusoff M, et al. Entrepreneurial leadership, performance, and sustainability of micro - enterprises in Malaysia［J］. Sustainability, 2018, 10（5）: 1591 - 1614.

⑧ 曲维鹏. 创业型领导行为及其与创业绩效的关系研究［D］. 杭州: 浙江大学, 2005.

⑨ 金雄, 金怡伶. 创业型领导力对创业绩效的影响研究——以延边地区民营企业为例［J］. 延边大学学报（社会科学版）, 2016, 49（5）: 70 - 81.

本书将系统考察中国情境下创业型领导与新创企业成长之间的逻辑关系。因此，本书要解决的第三个研究问题是：中国情境下创业型领导是否会对新创企业成长产生显著影响？若存在显著影响，其作用机制及边界条件是什么？该问题的解答可以为中国情境下创业型领导的有效性验证提供一个突破口。

为此，本书预期要达到的第三个目标：探讨创业型领导和新创企业成长之间的关系以及创业型领导如何影响新创企业成长，并阐明在什么情境下两者的关系更强，以验证中国情境下创业型领导的有效性。

1.3 研究意义

1.3.1 理论意义

基于以上背景和目的，本书具有一定的理论价值和现实意义。从理论发展的角度看，本书的理论价值主要体现在以下三个方面：

第一，通过质化研究澄清创业型领导的内涵结构，构建创业型领导的本土化概念模型，为后续创业型领导本土化量表的开发打下坚实的基础。此外，本书通过对创业型领导与其他类型领导（变革型领导、魅力型领导、愿景型领导）的异同进行分析，提炼本土化创业型领导概念的独特价值，为以后开展创业型领导的相关研究提供理论参考。

第二，基于中国情境，开发出创业型领导的本土化测量量表，并对其信度和效度进行检验，进一步验证创业型领导的质化研究结果，为开展中国情境下创业型领导的实证研究提供有效的测量工具，从而进一步推动创业型领导的本土化研究。

第三，考察创业型领导与新创企业成长之间的关系，明确两者之间的中介变量和调节变量，验证创业型领导在组织层面效果的有效性。本书在分析创业型领导对新创企业成长直接影响的基础上，探讨双元创业学习的中介作用和组织冗余的调节作用，揭示创业型领导影响新创企业成长的内在机制，厘清创业型领导影响新创企业成长的情境条件，深化对创业型领导有效性的认识。

1.3.2 现实意义

从管理实践的角度来看，本书的现实意义主要表现在以下三个方面：

第一，自国家提出"双创"政策以来，创业受到了人们的普遍关注。创业者的领导行为对创业活动的开展尤其重要，但学界对创业型领导的本土化概念还没有清晰的界定。本书通过严谨的质化研究，明确中国情境下创业型领导的概念内涵，构建创业型领导的本土概念模型，为组织培养创业型领导风格提供方向，并且能够帮助企业领导者熟悉创业型领导的基本内涵，掌握创业型领导的本质特征，指导管理者改善领导方式以更好地应对环境变化。

第二，创业型领导本土化量表的开发可以为组织提供选拔、培训、考核领导者的参考依据和测评工具。一方面，组织可以使用该测量量表测试候选者是否具备创业型领导的特征，以此来决定是否对其进行晋升。另一方面，在考核领导者绩效时，组织可以利用这一量表让员工对其领导的行为进行评价。根据当前领导行为与要求的领导行为之间的差距，组织对领导进行考核，并且针对存在的差距，制订相关的培训方案。

第三，创业型领导影响新创企业成长的作用机制的验证有助于为新创企业成长提供理论依据。新创企业面临的环境动态且复杂，并且存在获取资源困难等缺陷。如何解决新创企业成长道路上的难题是创业者们格外关注的问题。双元创业学习在创业型领导和新创企业成长的正向关系中发挥中介作用，则可以指导企业通过培育创业者的领导风格来促进企业双元创业学习，保障新创企业成长。因此，探讨创业型领导对新创企业成长的作用机制，对新创企业获得持续成长具有重要的指导意义。

1.4 研究方案

1.4.1 研究程序

本书的研究程序如图 1-1 所示。基于实地调研和文献回顾，本书首先形成研究的现实背景和理论背景。在此基础上，本书提出核心研究问题，即中国情境下创业型领导对新创企业成长的作用机制是什么？围绕这一核心问题，本书进一步通过实地调研和文献研究将研究问题细化，并形成三个子研究设计。然后，本书按照理论框架构建、研究设计与数据收集、统计分析与结果报告、结果讨论和研究结论等程序对三个子研究进行分析。最后，本书对三个子研究进行总结，归纳本书的研究贡献，指出研究的局限性，并对未来研究提出展望。

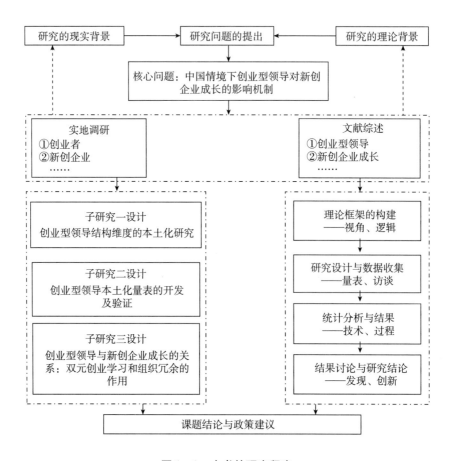

图 1-1　本书的研究程序

1.4.2　技术路线

本书主要就中国情境下创业型领导行为展开本土化研究。围绕这一主题，本书拟解决三个问题：①中国情境下创业型领导有怎样的特征？内涵结构是什么？②在对中国情境下创业型领导特征和内涵结构进行相关探讨的基础上，编制创业型领导的本土化测量量表，并对其信度、内容效度、收敛效度、区分效度、预测效度等进行检验。③在开发中国情境下创业型领导测量量表的基础上，探讨创业型领导对新创企业成长的作用机制，打开中国情境下创业型领导与新创企业成长之间关系的"黑箱"，厘清创业型领导发挥有效性的边界条件，本书的技术路线如图 1-2 所示。

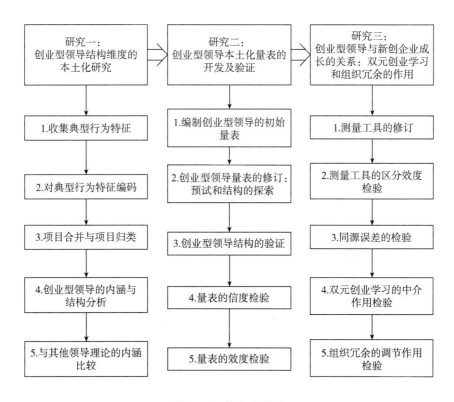

图 1-2　技术路线图

由图 1-2 可知，本书主要开展三项子研究，详细内容如下所述。

1.4.2.1　研究一：创业型领导结构维度的本土化研究

近年来，伴随着创业热潮的涌起，创业型领导作为战略型创业的核心要素也逐渐进入国内外学者们的视野。国外学者对创业型领导的内涵、结构维度、测量量表及前因后果展开了相应的理论和实证研究，取得了较大的研究成果。创业型领导的有效性在西方组织情境下得到了证实。国内学术界针对创业型领导也开展相关研究，但起步较晚且发展尚不完善。探讨中国情境下创业型领导效能机制的实证研究大都直接引用西方文化背景下开发的量表，或在西方量表的基础上稍作修改，相对缺乏针对中国情境开发的本土化创业型领导量表①。这从根本上难以证实创业型领导在中国情境下的有效性问题。因此，研究一拟采用质化研究，对中国情境下创业型领导的结构进行探讨，这项研究包括以下三方面的内容：

（1）收集创业型领导的典型行为特征：在文献分析的基础上，通过深度访谈、开放式问卷调查收集有关创业型领导的典型行为特征描述。

（2）归纳与分类：采用质化研究方法对收集到的典型行为特征描述进行编码，并对条目进行分析、合并与归类。

（3）创业型领导的内涵与结构的澄清：在归类的基础上，对创业型领导的内涵进行总结和提炼，并厘清各个维度的作用以及彼此之间的关系，从而构建出中国情境下创业型领导的概念模型。此外，本书将所获得的创业型领导概念与中西方创业型领导概念以及本土化的领导概念，如变革型领导、魅力型领导、愿景型领导进行比较分析。

1.4.2.2　研究二：创业型领导本土化量表的开发及验证

（1）创业型领导初始量表的编制：在研究一的基础上，由1位具有组织行为学背景的商学院副教授和3名研究生以及2位具有多年工作经验的企业管理者共同对所得的39条核心条目进行修改和删减，最终选取25个题项作为本土化创业型领导初始量表的项目。

（2）创业型领导量表的修订：量表修订主要通过多次探索性因子分析来完成。每次探索后都对条目进行一定的修改、删减或增加，然后再进行下一次的探索性因子分析，重新进行结构探索，直到所得结构比较稳定，并且所保留的创业型领导项目符合要求为止。

（3）创业型领导结构的验证：主要采用验证性因子分析对探索性因子分析所得的创业型领导结构进行验证。结构验证采用新的样本数据，以确保所得的创业型领导量表具有跨样本的适用性。

（4）创业型领导量表的信度和效度检验：一项良好的测量工具必须要具有较高的信度和效度。因此，研究二利用信度分析、验证性因子分析、层级回归分析等统计分析方法对创业型领导量表的内部一致性信度、内容效度、收敛效度、区分效度及预测效度等进行检验。

---

①　王弘钰，刘伯龙. 创业型领导研究述评与展望 [J]. 外国经济与管理，2018，40（4）：84-95.

以上几个步骤紧密相连，其中任何一个环节出现问题，未达到理想效果，都需要回到研究起点重新进行，直到获得满足心理学测量要求的研究结果为止。

1.4.2.3 研究三：创业型领导与新创企业成长的关系：双元创业学习与组织冗余的作用

创业型领导的有效性不仅体现在测量工具开发阶段证明概念本身的有效性，还体现在创业型领导在中国情境下实践的有效性。领导者的行为能够有效影响企业的发展，尤其是成立时间不长的新创企业。新创企业的外部环境往往表现出高不确定性，而创业型领导因其兼具创业者和领导者的特征，能够帮助企业适应多变的外部环境。因此，研究三从创业型领导的视角出发，通过实证研究探讨新创企业成长的驱动机制和边界条件，以更好地从组织层面检验创业型领导的有效性。

1.4.3 研究方法

为了全面回答本书的三个研究问题，本书采取了文献研究、深度访谈、问卷调查、统计分析等研究方法。

（1）文献研究：课题组近年来大量收集了创业型领导、新创企业、双元创业学习、组织冗余等领域的国内外文献，并对文献进行了深入的研究。通过对创业型领导、新创企业成长、双元创业学习以及组织冗余领域的文献进行研究，构建了创业型领导与新创企业成长的关系模型，并提出探索式创业学习与利用式创业学习在创业型领导与新创企业成长关系间发挥中介作用、已吸收冗余和未吸收冗余在创业型领导与新创企业成长关系间发挥调节作用的研究假设，为本书子研究三的开展奠定了坚实的基础。

（2）深度访谈：采用实地访谈和电话访谈的方式共调查了 10 位受访者。对于在常州当地的受访者我们采取了实地访谈的方式，而在外地的受访者则采取电话访谈的方式。在访谈前为了取得访谈对象的信任，我们均将学校开具的相关证明以网络或邮寄等方式交给受访者，并且对所有的受访者提供"保密承诺书"，保证此次访谈的匿名性。我们对每位受访者都进行了 40～50 分钟的深入访谈，所有的访谈内容均进行了录音并被整理成文字形式，为子研究一的开展提供了翔实的数据基础。

（3）问卷调查：本书的子研究一、子研究二、子研究三的数据通过问卷调查获得。因此，为了开展这三个子研究的工作，课题组先后实施了大规模的问卷调查工作，以获取相应的一手数据。子研究一选取了 3 家企业以及两个在职的 MBA 班进行创业型领导的开放式问卷调查，共发放 200 份问卷，回收有效问卷为 112 份。子研究二首先发放了预调查问卷 80 份，回收有效问卷共 59 份，随后运用 SPSS22.0 进行了探索性因子分析和信度检验，得到的数据指标都较为理想。此后，子研究二开展了三次问卷调查工作，采集三组样本数据。样本一的数据来源于常州、无锡、上海等地的企事业单位，主要用于对创业型领导初始量表的探索性因子分析以及信度检验，通过网络邮件的方式发放问卷 200 份，得到有效问卷 116 份；样本二的数据来源于常州、上海等地的企事业单位，用于中国情境下创业型领导的验证性因子分析，共发放问卷 250 份，得到有效问卷 181 份；样本三的数据来源于苏州、常州、无锡等地，用于中国情境下创业型领导的效度检验，共发放问卷 230 份，得到有效问卷 147 份。子研究三通过在实地发放问卷和网络发放问卷两种方式，共发放调查问卷 300 份，最终得到有效问卷 188 份。基于这 188 份有效样本数据，就创业型领导对新创企业成长的影响机制进行了深入的实证分析。

（4）统计分析：基于大样本的问卷调查数据，课题组运用 SPSS22.0、LIS-REL8.51 等统计软件，先后开展了探索性因子分析、验证性因子分析、描述性统计与相关性分析、层级线性回归分析、结构方程建模等统计分析工作，进而揭示中国情境下创业型领导对新创企业成长的作用机制，打开创业型领导与新创企业成长关系的黑箱，厘清创业型领导影响新创企业成长的边界条件。

1.4.4 内容组织

本书分为 6 章，各章节的内容安排如下：

第 1 章：交代本书具体的研究背景，提出本书致力于解答的研究问题，指出本书研究的理论意义和现实意义，明确研究的方案和思路，并对研究的总体安排和内容组织做概括性的介绍。

第 2 章：对本书所涉及的相关研究文献进行全面的梳理与评述，包括创业型领导、新创企业成长、双元创业学习、组织冗余等领域的国内外文献，为本书研究框架的构建与研究假设及命题的推导奠定基础。

第 3 章：围绕本书的第一个子研究展开，在文献分析的基础上通过深度访谈、开放式问卷收集有关创业型领导的典型行为特征，然后运用扎根理论的研究方法进行编码，对创业型领导的内涵进行总结和提炼，以期厘清创业型领导各个维度的作用及彼此间的关系，从而构建中国情境下创业型领导的概念模型。

第4章：围绕本书的第二个子研究展开，在子研究一的基础上编制创业型领导的初始量表并通过 SPSS22.0 进行探索性因子分析以修订初始量表，然后通过 LISREL8.51 进行验证性因子分析以对创业型领导的结构进行验证，最后运用信度分析、验证性因子分析、层级回归分析等统计分析方法对创业型领导的内部一致性信度、内容效度、收敛效度、区分效度以及预测效度等进行检验，以期构建具有良好信度和效度的本土化创业型领导测量量表，为后续开展中国情境下创业型领导的实证研究提供科学的测量工具。

第5章：围绕本书的第三个子研究展开，基于188份问卷调查数据，从创业型领导的视角出发，通过实证研究探讨新创企业成长的驱动机制和边界条件，以更好地从组织层面检验创业型领导的有效性。

第6章：对以上三个子研究进行总结，提炼出本书的理论贡献以及实践启示，并指出研究的局限性及未来研究方向。

依据每章的具体内容，各章节之间的关系可用图1-3来表示。

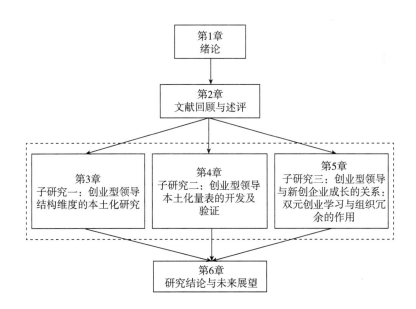

图1-3 本书各章节之间的关系

第2章　文献回顾与述评

2.1　创业型领导文献回顾与述评

2.1.1　创业型领导的概念界定

2.1.1.1　概念解析

近年来，随着外部市场环境、政策环境、经济环境的不断变化，许多企业面临着竞争日益激烈、生产经营压力大、资源约束严峻等问题。这些问题无疑会对企业的生存与发展产生巨大的威胁。在这种动荡的环境下，企业如何提高自身的竞争优势、提升对不确定性环境的适应性，以及如何及时发现并抓住新的创业机会，从而进行新的战略价值创造就显得尤为重要。在此情境下，企业领导者必须表现出有别于以往的领导行为特征。创业型领导（Entrepreneurial Leadership）作为战略型创业的核心要素，逐渐成为学术界和实践界关注的焦点。回顾以往研究，学者们曾基于不同视角对创业型领导的内涵进行探讨，但至今为止，仍未形成统一的定义。

目前，关于创业型领导的内涵研究主要分为两派：一种是将创业型领导视为领导者的能力，即能力观；另一种是将创业型领导界定为基于创业视角的领导行为，即行为观。在持能力观的学者中，Ireland 和 Hitt（1999）最先对创业型领导的内涵进行定义，他们认为创业型领导是能够通过团队协作来引发组织可行性变革的创造能力，同时还要兼具灵活性，能进行战略思考等能力。这种能力具有不可替代性和不可复制性，能帮助企业获得核心的竞争优势。随后，Rowe（2001）① 提出了与 Ireland 和 Hitt 所不同的定义，这一定义侧重于创业型领导对他人的影响力，且着重指出了创业型领导对他人日常决策的影响，以及对企业长期和短期绩效的关注。Ireland 等（2003）② 认为，创业型领导指能够影响他人对资源进行战略性管理的能力，以强调寻求机会和寻求优势的行为。同时，他们还将创业型领导视为实施战略型创业的重要构成要素。总的来说，创业型领导的能力观认为，创业型领导是一种影响他人进行战略性管理的能力，它可以加强对企业优势的识别和潜在机会的搜寻，对企业的长期绩效具有促进作用。

创业型领导的行为观则是基于行为的视角，将创业、创业导向及创业管理与领导力研究相结合，对创业型领导进行了内涵的界定，在此基础上还突出了创业型领导与其他领导行为的区别，如变革型领导、魅力型领导、团队导向型领导、基于价值观的领导等。Gupta 等（2004）③ 运用 GLOBE 样本中的研究数据，提出了创业型领导的理论模型，并将创业型领导定义为通过构建愿景来赢得下属的承诺、获得下属支持，激励下属致力于战略价值的发现与探索的领导行为。此定义指出了创业型领导面临的两项挑战：资源整合以及赢得能够实现愿景的追随者，这两项挑战相互依存、缺一不可。

除此之外，Renko 等（2015）认为，企业为了适应多变环境，必须要善于抓住机遇以维持发展。因此，他们将创业型领导定义为一种识别和利用创业机会，通过影响和指导员工绩效来实现组织目标的领导行为。

综上所述，国外学者就创业型领导的内涵进行了一系列的讨论。虽然创业型领导的行为观得到了多数人的认可，但截至目前，仍未形成统一的定义。本书将以往文献提出的创业型领导定义或特征整理成表 2–1。

① Rowe W G. Creating wealth in organizations：The role of strategic leadership［J］. Academy of Management Executive，2001，15（1）：81–94.

② Ireland R D，Hitt M A，Sirmon D G. A model of strategic entrepreneurship：The construct and its dimensions［J］. Journal of Management，2003，29（6）：963–989.

③ Gupta V，MacMillan I C，Surie G. Entrepreneurial leadership：Developing and measuring a cross–cultural construct［J］. Journal of Business Venturing，2004，19（2）：241–260.

表 2 - 1　创业型领导内涵

作者（年份）	定义或特征
Ireland 和 Hitt（1999）	创业型领导是能够通过团队协作来引发组织可行性变革的创造能力，同时还要兼具灵活性，能进行战略思考等能力
Ireland 等（2003）	创业型领导指能够影响他人对资源进行战略性管理的能力，以强调寻求机会和寻求优势的行为
Gupta 等（2004）	创业型领导指通过构建愿景来赢得下属的承诺、获得下属支持，激励下属致力于战略价值的发现与探索的领导行为
Thornberry（2006）①	领导者需要激情、远见、专注和激励别人的能力。创业型领导需要所有这些能力，并加上思维和技能以帮助创业型领导识别、抓住、利用新的商业机会
Surie 和 Ashley（2008）②	创业型领导指能够在高速和不确定性的环境中保持创新和适应能力
Renko 等（2015）	创业型领导指一种识别和利用创业机会，通过影响和指导员工绩效来实现组织目标的领导行为

2.1.1.2　概念比较

创业型领导与其他的领导理论存在着密切的联系，但它同时又有着自身独特的内涵。李华晶和张玉利（2006）③ 曾将创业型领导与传统领导行为进行对比，发现它与传统领导行为具有很大的不同。在资源能力方面，创业型领导相比传统领导更能突破企业本身的限制，为企业获取更多的资源、发展更多的能力；在战略目标方面，创业型领导不再一味地追求对竞争对手的超越，转而将目光更多地放在对企业战略价值的创造上，这样可以促使企业寻求长远的发展；在经营方式上，创业型领导不再像传统领导一样遵循既定的目标，依照固定的方式经营，而是根据企业的实际情况及外部环境的变化及时调整经营目标和策略；在知识获取上，创业型领导不会依赖现有的知识，而会主动探索、深入挖掘知识，打破思维僵化。

（1）创业型领导与变革型领导。变革型领导是指领导者激发下属的内在需

---

① Thornberry N. Lead like an entrepreneur: keeping the entrepreneurial spirit alive within the corporation [M]. Fairfield, PA: McGraw Hill, 2006.

② Surie G, Ashley A. Integrating pragmatism and ethics in entrepreneurial leadership for sustainable value creation [J]. Journal of Business Ethics, 2008, 81（1）: 235 - 246.

③ 李华晶，张玉利. 创业型领导：公司创业中高管团队的新角色 [J]. 软科学，2006，20（3）: 137 - 140.

求以建立起信任，使下属重视组织利益甚于私人利益，以促进企业变革的一种领导行为。变革型领导能通过自身的德行、魅力影响下属的情绪动机，给予下属关怀，对下属进行激励，使下属为了目标而努力[①]。目前研究认为变革型领导与创业型领导在对下属的激励等方面具有一定共同之处。变革型领导和创业型领导都是通过激发员工的自我实现的动机以号召员工投入工作、提高绩效，而这种自我实现动机的激发大多是由领导者为下属设立美好的愿景，以鼓励下属不断突破自我，努力创新[②]。换言之，这两种领导方式都强调领导者用激励的方式使下属产生工作动机并提高绩效[③]。

创业型领导与变革型领导的差异在于，创业型领导者无论是否具有个人魅力，都会对下属形成榜样作用。创业型领导关注下属的创业激情和自我效能感，以增强下属对自己创业能力的信念，激发创新的激情，这与变革型领导的个性化关怀有所不同[④]。此外，创业型领导所处的外部环境具有较高的不确定性，这就要求创业型领导需要面对更多的突发状况，并且妥善地处理这些不在日常安排之中的问题（Ibrahim et al.，2017），而变革型领导通常情况下要应对的都是给定的任务。

（2）创业型领导与魅力型领导。魅力型领导强调通过自身才能与魅力来影响员工行为，员工受到领导者的感召，会对领导者产生认同感，渴望模仿领导者，从而实现既定目标[⑤]。创业型领导与魅力型领导一样，都拥有诸如远见、积极、自信、果断等特质。

但是魅力型领导强调的是领导者要拥有英雄式的、极具个人特色的性格特质，但这些特质可能会对员工和企业带来相对负面的影响。因为员工如果太过专注于领导者的个人魅力，则会限制员工自身的发展可能性，使员工丧失自己的特性（Kempster，2018）。创业型领导则不同，它所提倡的从某方面来说是一种反

①　冯彩玲. 差异化变革型领导对员工创新行为的跨层次影响［J］. 管理评论，2017，29（5）：120 - 130.

②　Fontana A, Musa S. The impact of entrepreneurial leadership on innovation management and its measurement validation［J］. International Journal of Innovation Science, 2017, 9（1）: 2 - 19.

③　Ibrahim M D, Mamun A A, Yusoff M N H B. Validating the instrument adapted to measure entrepreneurial leadership［J］. International Business Management, 2017, 11（8）: 1620 - 1628.

④　Cardon M S, Glauser M, Murnieks C Y. Passion for what? Expanding the domains of entrepreneurial passion［J］. Journal of Business Venturing Insights, 2017, 8（3）: 24 - 32.

⑤　Kempster S. Love and leadership: Constructing follower narrative identities of charismatic leadership［J］. Social Science Electronic Publishing, 2018, 45（1）: 21 - 38.

英雄式的领导方式，创业型领导者更注重通过翔实的有规划的行动来获得成功，而非个人式的魅力，这就需要创业型领导具备足够的远见以及模式认知能力来支撑（Gupta et al. , 2004）。

（3）创业型领导与团队导向型领导。团队导向型领导的出现是由于组织越来越呈现出扁平化趋势，团队在组织内部的作用越来越突出。团队领导者也不仅仅局限于执行者，而是向决策者进行过渡①。团队导向型领导主要通过与员工的互动构建和谐的团队氛围，引导员工拥有共同的工作目标，促进员工间的交流和信息共享，以激励整个团队共同进步②。这表明，创业型领导与团队导向型领导都要求领导者能够有效地提高员工的工作参与度，并且要具有一定的人际沟通技巧、谈判技能、团队构建技巧等。

然而，团队导向型领导往往是在静态的环境中来安排团队成员所承担的任务和扮演的角色，创业型领导却受到不确定性环境的影响，需要不断地依据环境的变化来改变对团队成员的角色定位，也就是要更具有能动性（Gupta et al. , 2004）。此外，团队导向型领导注重以人际交往技巧来解决团队内部矛盾，促进团队内部沟通交流，而创业型领导则强调以各种技巧来为机会的开发和价值创造扫清障碍③。

（4）创业型领导与以价值为本的领导。以价值为本的领导指领导者主动向下属阐明自己的愿景和信心，通过与下属的不断沟通互动，使下属对自己的价值观、动机等产生认同感，从而促使下属表现出较高的组织承诺并在工作中能够具有自我牺牲的精神④。创业型领导和以价值为本的领导都要求领导者构建一个美好宏大的愿景，并将这个愿景传达给下属，表现出对这一愿景能够实现的信心，以此完成对下属的激励⑤。

---

① Nelson M W, Proell C A, Randel A. Team – oriented leadership and auditors' willingness to raise audit issues［J］. Accounting Review, 2016, 91（6）：1781 – 1805.

② Chiu C C, Owens B P, Tesluk P E. Initiating and utilizing shared leadership in teams：The role of leader humility, team proactive personality, and team performance capability［J］. Journal of Applied Psychology, 2016, 101（12）：1705 – 1720.

③ Dean H, Ford J. Discourses of entrepreneurial leadership：Exposing myths and exploring new approaches［J］. International Small Business Journal, 2017, 35（2）：178 – 196.

④ Davis P. Retrieving the co – operative value – based leadership model of terry thomas［J］. Journal of Business Ethics, 2016, 135（3）：557 – 568.

⑤ Freeman D, Siegfried R L. Entrepreneurial leadership in the context of company start – up and growth［J］. Journal of Leadership Studies, 2015, 8（4）：35 – 39.

不同之处在于，以价值为本的领导更多地依靠愿景的感召作用，使下属表现出对领导者价值观的认同，以此作为动力来推动下属不断奉献自我。创业型领导虽然也构建愿景，但并不过于注重与员工在意识形态领域的重合，而是将精力放在对机会的开发与利用以及价值创造上①。

本书将创业型领导与其他领导行为的异同整理成如表 2 - 2 所示。

表 2 - 2　创业型领导与其他领导行为的异同

其他领导类型	创业型领导	
	相同之处	不同之处
变革型领导	用激励的方式使下属产生工作动机并提高绩效	变革型领导通常情况下要应对的都是给定的任务；创业型领导需要面对更多的突发状况
魅力型领导	拥有诸如远见、积极、自信、果断等特质	魅力型领导强调的是领导者要拥有英雄式的、极具个人特色的性格特质；创业型领导者则更注重通过翔实的有规划的行动来获得成功，而非个人式的魅力
团队导向型领导	有效提高员工的工作参与度，并且要具有一定的人际沟通技巧、谈判技能、团队构建技巧	团队导向型领导是在静态的环境中来安排团队成员所承担的任务和扮演的角色；创业型领导需要不断地依据环境的变化来改变对团队成员的角色定位，更具有能动性
以价值为本的领导	构建一个美好宏大的愿景，并将这个愿景传达给下属，表现出对这一愿景能够实现的信心	以价值为本的领导更多地依靠愿景的感召作用，使下属表现出对领导者价值观的认同；创业型领导并不过于注重与员工在意识形态领域的重合，而是将精力放在对机会的开发与利用和价值的创造上

2.1.2　创业型领导的维度与测量

2.1.2.1　结构维度

Morris 等（2001）总结出了创业型领导所具有的三大特征：主动性、创新性以及风险承担性。主动性指创业型领导主动投入到经营活动中去，或督促下属主

① 　王重鸣，阳浙江. 创业型领导理论研究及发展趋势 [J]. 心理科学，2006，29（4）：774 - 777.

动投入工作；创新性指创业型领导积极寻求解决问题的新方法或生产中的新技术，以此达到推动发展的目的；风险承担性指创业型领导在面对可能存在的经营风险时，敢于承担责任，愿意进行风险性投资等行为。

Covin 和 Slevin（2002）将创业型领导概括为以下六大特征：①培育创业能力。这一特征是指创业型领导需要具备进行资源整合，积极创新，信息收集和共享等的创业能力。②反思看似简单的问题或具有欺骗性的问题。这一特征是指创业型领导应当具备独立思考能力，谨慎地看待问题，不能想当然地处理一些简单的问题，以免落入"陷阱"。③将创业和战略管理相结合。这一特征是指创业型领导不单单是局限于某一个领域，而是结合了创业和战略管理两个研究领域，创业型领导在领导企业时必须注重对这两者的兼顾，如此才能使企业长久平稳发展。④保护破坏性创新。"破坏性创新"指那些可能会对主流的商业模式形成挑战的创新。创业型领导需要在下属提出具有突破性或先进性的观点时给予保护，从而帮助企业开发出潜在的商业机会。⑤重视创业机会的识别与开发。创业机会的识别与开发时企业在不断变化的商业环境中赢得竞争优势的核心手段，创业型领导要能够激励下属进行机会识别，并给予下属应有的帮助。⑥质疑主流逻辑。创业型领导应当具有辩证性思维，善于突破常规思维的局限，以超常规视角思考问题，不囿于常规经营理念，更好地把握机会。

Gupta 等（2004）在前人提出的研究框架的基础上，从创业型领导面临的两大挑战入手，将创业型领导划分为两个挑战维度，并创建了一个两维度五角色的创业型领导理论模型。此项研究运用 GLOBE 样本中的 112 项领导特质进行测量，最终提炼出了 20 项与创业型领导相关的领导行为与特质。并其将这 20 项特质与创业型领导的五个维度相对应，最终整合为愿景设定和角色设定两个方面。其中，愿景设定指领导者在认清企业目前所受资源约束的情况下，能够根据实际情况为企业和下属创建一些机会，并及时地抓住利用机会来实现组织的变革；角色设定指领导者需要通过自己的人际交往能力等一些手段来说服利益相关者及追随者，使其相信能够通过资源整合等手段来实现企业的战略目标。愿景设定和角色设定相互依存，缺一不可，愿景设定是角色设定的前提条件，如果不能对利益相关者和追随者进行说服，那么愿景设定也将不具有意义。

愿景设定包含以下三个角色：①构建挑战（Farming the Challenge）：创业型领导者需要为下属设定具有挑战性的目标，以此来激发下属的潜能，使下属不断地提高自己的能力，在工作中实现自己的价值。但是如果目标定得过高，容易得不偿失，摧毁员工的自信。因此创业型领导在为下属设定挑战性的目标时，要根据员工自身的实际能力来设定具有一定挑战性但可以完成的目标。②吸收不确定性（Absorbing Uncertainty）：创业型领导要积极地为员工和企业构建愿景，使员工明白其在实现这个愿景的过程中的责任，同时创业型领导者需要主动地承担在愿景实现的过程中可能遇到的不确定性风险，并为员工树立变革的信心。③指明路径（Path Clearing）：创业型领导需要在充分了解企业内外部情况后，通过与员工、股东及其他利益相关者进行有效的谈判与沟通，尽量地清除潜在的障碍，使员工、股东及其他利益相关者支持拥护创业型领导的决策，顺利地实现愿景。此外，创业型领导还要尽可能地运用其人际交往等能力，为企业获取尽可能多的关键性资源和信息。

角色设定包含两个角色：①建立承诺（Building Commitment）：创业型领导在引导团队一起完成目标愿景时，必须注重整个团队的建设，努力构建一个具有相同目标并能够为这一目标共同奋斗的团队，同时还要在团队成员间建立起信任，使成员可以共享信息及时沟通交流，以此来提升员工在工作中的参与感和组织承诺。②阐明约束（Specifying Limits）：创业型领导在团队中能建立起一种共识，使员工了解到什么可以做什么不能做，达成这种共识有利于员工改正对自己的错误认识，并加快决策的速度。

Gupta 等（2004）开发的这一创业型领导测量量表经过实证检验后，表明其具有较高的信度和效度。

Femald 等（2005）对创业型领导的相关文献进行回顾后，经过归纳总结得出了创业型领导的五个维度，分别是愿景建立、问题解决、决策制定、风险承担和战略积极。创业型领导必须先设立一个美好的愿景以激励员工为愿景的实现而努力；在企业遇到问题时，创业型领导要积极有效地去解决问题，为员工工作扫清障碍；创业型领导还必须具备果断迅速进行决策的能力，在面对未知的不确定性时果断地承担起可能遇到的风险，给员工以信心；最后，创业型领导要积极地采取行动，为企业赢得优势。

Siddiqui（2007）认为，创业型领导实际上是创业者和领导者特征相结合的产物。他在设定了性别等控制变量后，选取了347位印度的创业者参与调查，通过问卷调查收集所需数据，最终在15个会对创业者成功产生影响的因素中选取了14个，并将其总结为七个维度，包括下属因素、智力因素、身体因素、行为因素、神经因素、任务因素及创新因素。

Renko 等（2015）认为，创业型领导不应该只出现在高层中，而应当在企业的各个不同管理层都展现出创业型领导。他们在通过文献回顾和访谈法确认了初始题项后，运用问卷调查法收集了381名员工及学生的数据，经过相关的信效度分析，最终得到了8个题项的创业型领导测量问卷。

国内学者方面，蔡光荣和唐宁玉（2006）在基于 Miller（1983）[①] 最初的创业倾向理论及 Lumpkin 等（1996）[②] 发展的创业倾向理论的基础上，以上海地区中小企业的高层领导者为样本，展开开放式问卷调查，最终得到了创业型领导的八个维度，包括敏锐洞察、自主创新、身体力行、勇于竞争、精细经营、承担风险、远景目标和激励他人。

杨静和王重鸣（2013）对中国变革背景下的女性创业型领导进行了探索，基于扎根理论对女性创业型领导的维度进行划分并编制量表。他们以41位创立并参与公司经营管理的成功女性创业者和企业家作为研究对象，进行数据收集、分析与编码，最终构建了六维度的女性创业型领导的构思模型，分别为：变革心智、培育创新、掌控风险、整合关系、亲和感召、母性关怀。同时在此基础上开发了具有29个题项的女性创业者测量量表，经检验具有较高的信度和效度。

本书将以往主要的创业型领导维度划分整理成表2-3。

表 2-3　创业型领导的维度

作者（年份）	维度
Gupta 等（2004）	构建挑战、吸收不确定性、指明路径、建立承诺、阐明约束
Fernald 等（2005）	愿景建立、问题解决、决策制定、风险承担、战略积极
Siddiqui（2007）	下属因素、智力因素、身体因素、行为因素、神经因素、任务因素、创新因素
Hejazi（2012）	战略因素、沟通因素、个人因素、激励因素
唐宁玉和 蔡光荣（2006）	敏锐洞察、自主创新、身体力行、勇于竞争、精细经营、承担风险、远景目标、激励他人
杨静和王重鸣（2013）	变革心智、培育创新、掌控风险、整合关系、亲和感召、母性关怀

① Miller D. The correlates of entrepreneurship in three types of firms［J］. Management Science, 1983, 29（7）: 770 - 791.

② Lumpkin G T, Dess G G. Clarifying the entrepreneurial orientation construct and linking it to performance［J］. Academy of Management Review, 1996, 21（1）: 135 - 172.

2.1.2.2 测量工具

目前，创业型领导的测量工具大多是国外学者开发的，也有少数国内学者基于中国情境开发了创业型领导的本土测量量表。Gupta 等（2004）提出了适用于不同文化背景的创业型领导测量的量表。该量表涉及两个维度、五个角色、二十个特征，其中两维度分别为愿景设定和角色设定，愿景设定包括构建挑战、吸收不确定性、指明路径三种角色，角色设定包括建立承诺、阐明约束两种角色。Siddiqui（2007）从素质角度对创业型领导进行测量，以印度 347 个创业者为研究对象，得出 7 个维度 14 个题项。7 个维度分别为下属因素、智力因素、身体因素、行为因素、神经因素、任务因素、创新因素。Hejazi（2012）选择从战略因素、沟通因素、个人因素和激励因素四个方面综合评价创业型领导以弥补已有测量工具的不足，该量表共有 35 个题项并且具有较高的信度。国内学者杨静和王重鸣（2013）基于扎根理论的方法，探究中国情境下女性创业型领导的结构维度，编制的女性创业型领导行为量表共有 6 个维度、29 个题项，6 个维度包括变革心智、培育创新、掌控风险、整合关系、亲和感召、母性关怀。详细内容见表 2 - 4。

表 2 - 4 创业型领导的测量

来源	维度	测量项目
Gupta、MacMillan 和 Surie（2004）	愿景设定（构建挑战、吸收不确定性、指明路径）	设置一个高标准并提供努力方向
		设置高标准，努力工作
		对信息敏感，掌握知识
		拥有特殊洞察力
		有愿景，对未来有丰富想象
		预见未来可能发生的事
		给别人树立信心
		掌握熟练的人际技巧
		做到与人有效谈判
		拥有强说服力，能令人信服
		消除疑虑，鼓励别人

续表

来源	维度	测量项目
Gupta、MacMillan 和 Surie（2004）	角色设定（建立承诺、阐明约束）	鼓舞别人情绪、行为
		拥有积极的工作情绪
		构建团队，使成员高效工作
		寻求绩效持续改进
		整合人和事
		激发别人思考
		乐观积极
		果断、迅速决策
Siddiqui（2007）	下属因素	为下属思虑周全
		激励能力
		赢得并保持信任的能力
		主导和自信
	智力因素	行动导向的智力和判断力
		获得优先的能力
	身体因素	身体活力和耐力
		自我信念
	行为因素	成就的需要
		灵活性和适应性
	神经因素	勇气
		承担风险的能力
	任务因素	积极承担责任
	创新因素	创新
Hejazi（2012）	战略因素	为追随者设定愿景
		预测未来问题和危机
		整体视角和规避细节
		决策灵活
		对待风险时机会主义
		冒险投资意愿
		建立信息系统，探索企业环境变化
		说明未来事件的能力
		业务决策时经济直觉
		时刻准备应对突发情况

续表

来源	维度	测量项目
Hejazi（2012）	沟通因素	说服追随者的能力
		表示同情和理解他人
		避免破坏性冲突
		积极倾听
		在冲突情况下控制感情
		激发追随者信心
		全体活动下属参与
		定期召开会议，寻求下属反馈
		社会互动中察觉他人情绪
	个人因素	情绪稳定性
		做事富有创造力并使用新方法
		任务分配时极度活跃
		处理事情时思想开放
		谦逊稳重
		勇于处理问题
		合理安排人和事
		坦白直率
		维持纪律
	激励因素	自信能影响别人
		乐于影响别人
		业务成功动机
		能够理解追随者需求
		促使追随者不断进步
		艰苦工作的动机
		向他人传递正能量
杨静和 王重鸣（2013）	变革心智	审视经营环境变化对公司发展的挑战与威胁
		洞察经营环境变化对公司发展的战略性机遇
		全面预测经营环境变化对创立新事业的影响
		树立适应经营环境变化且确保稳定发展的目标
	培育创新	提倡管理团队和员工尝试新的工作方法
		向管理团队和员工合理授权来激发创造力
		与公司成员分享信息改进商业运营模式

续表

来源	维度	测量项目
杨静和 王重鸣（2013）	培育创新	鼓励管理团队和员工主动发现商业机会
		培养管理团队成员战略性整合资源的能力
		激发管理团队和员工在项目运营中不断学习
	掌控风险	协调平衡创新业务与核心业务之间的比重
		采用快速而低成本的创新尝试以求平稳发展
		将经营失败或损失降至最低程度来控制风险
	整合关系	与关键客户、供应商、销售商建立的业务合作关系
		与同行业标杆企业建立战略性合作关系
		与跨行业企业建立协同合作关系
		与政府相关利益部门维系良好的公共关系
	亲和感召	富有亲和力，平易近人
		为人正直诚信
		以积极乐观的心态经营公司
		面对不确定环境，决策果断
		遭遇创业失败不服输、不放弃
	母性关怀	耐心指导员工改进工作绩效
		了解员工的个性化需求并给予适当满足
		设身处地为员工发展考虑并提供发展机会
		在不违反原则情况下包容员工错误
		提供稳定保障建立员工的心理安全感
		给予员工亲情般的生活关怀与帮助
		遭遇经营困境，舍弃自己的利益保障员工利益

2.1.3 创业型领导的影响因素

目前国内外学者对创业型领导的前因变量研究多数停留在理论层面。关于创业型领导的影响因素，现有研究主要集中在个体层面、组织层面和社会层面，如表2-5所示。

2.1.3.1 个体层面的影响因素

回顾国内外创业型领导的影响因素研究，个体层面对创业型领导的影响因素主要从统计学变量和领导者人力资本、价值观三方面展开探讨。统计学变量主要

表 2-5　创业型领导的影响因素研究文献整理

研究层面	作者（年份）	研究问题	数据/样本来源	研究对象	研究结论
个体层面	Jones 和 Crompton（2009）	探索一个真实的创业型领导模型	访谈	8家小型制造公司	创业者学历越高，就越会表现出创业型领导者的特征
	Nasution 等（2011）	探讨创业精神和市场导向、学习导向，创新和客户价值的关系	问卷调查	231家印度尼西亚的中小型酒店	成就动机积极影响创业型企业家素质
	Hejazi 等（2012）	开发中小企业创业型领导能力量表	问卷调查	386名制造和服务业中小企业的创始人和高级经理	男性对战略因素的平均反应和女性对沟通因素的平均反应都显著较高，年轻企业家在领导力方面会表现出更多的自信和成就需要
	杨静 和 王重鸣（2013）	探讨并验证中国变革背景下女性创业型领导的构思	访谈、二手数据	41位创立并参与公司经管理的成功女性创业者和企业家	有别于男性创业型领导的维度，分别为母性关怀和亲性关系和感召
组织层面	Swiercz 和 Lydon（2002）	探讨创业者在增长驱动型的高科技企业中的创业型领导能力	数据库搜索，推荐和滚雪球抽样	27位创业型 CEO 的经历	随着组织发展过程的不断完善，创业型领导能力也在逐步完善
	Leitch 等（2013）	探讨创业型领导作为一种发展，以及在这个过程中社会资本的作用	访谈	8位企业领导者执行业务经历	创业型领导形成需要正规的组织结构来建立社会关系
	Newman（2018）	探讨员工创造力自我效能感与员工创新行为的关系	问卷调查	一家大型中国跨国公司的66名员工的认知影响创业型领导行为为中层管理人员和346名员工	员工的创造力自我效能会影响创业型领导行为
社会层面	Wang 等（2012）	探讨中国企业的企业家领导风格和环境的相互作用	探索性案例	中国两家高科技民营企业	中国特有的文化环境影响企业家领导力

包括性别、年龄等。有研究发现性别影响创业型领导风格的形成，并对组织绩效和员工情感产生影响。例如性别对创业型领导的战略因素和沟通因素都有影响。男性对战略因素的平均反应和女性对沟通因素的平均反应都显著较高（Hejazi et al.，2012）。杨静和王重鸣（2013）通过对 152 名女性企业家的研究，发现两个有别于男性创业型领导的维度，分别为母性关怀和亲和感召。在年龄方面，Hejazi 等（2012）还发现年轻企业家在领导力方面会表现出更多的自信和成就需要。人力资本是指通过教育、实践经验所获得的知识、技术和能力（王弘钰和刘伯龙，2018），学历和实践经验影响着创业者的领导行为。Jones 和 Crompton（2009）[①] 发现创业者学历越高，就越会表现出创业型领导者的特征。Hejazi 等（2012）研究表明创业者的实践经验影响着创业型领导者的战略和沟通因素。在价值观方面，Nasution 等（2011）[②] 通过对 20 个样本开展分析得出，成就动机积极影响创业型企业家素质。

2.1.3.2 组织层面的影响因素

国内外学者主要从组织发展阶段、组织结构、组织内员工的认知方面探讨创业型领导的影响因素。当组织处在不同的发展阶段，创业型领导者的特质也在发生相应改变。Swiercz 和 Lydon（2002）研究表明在组织从强调产品开发、市场开拓、团队建设的起步阶段向科学严格管理的稳定持续发展阶段过渡的过程中，创业型领导的能力也在逐步完善。在组织结构方面，创业型领导形成需要正规的组织结构来建立社会关系[③]。在组织中，员工作为重要的群体也影响着创业型领导的风格。Newman（2018）[④] 以一家大型中国跨国公司的 66 名中层管理人员和 346 名员工为样本探讨员工创造力自我效能感与员工创新行为的关系，发现创业型领导在两者间发挥中介作用，表明员工的认知影响创业型领导行为。

2.1.3.3 社会层面的影响因素

领导者所处的文化环境会影响领导风格，如西方提倡高效的文化使得国外企

① Jones O, Crompton H. Enterprise logic and small firms: A model of authentic entrepreneurial leadership [J]. Journal of Strategy and Management, 2009, 2 (4): 329 - 351.

② Nasution H N, Mavondo F T, Matanda M J, et al. Entrepreneurship: Its relationship with market orientation and learning orientation and as antecedents to innovation and customer value [J]. Industrial Marketing Management, 2011, 40 (3): 336 - 345.

③ Leitch C M, McMullan C, Harrison R T. The development of entrepreneurial leadership: The role of human, social and institutional capital [J]. British Journal of Management, 2013, 24 (3): 347 - 366.

④ Newman A, Herman H M, Schwarz G, et al. The effects of employees' creative self - efficacy on innovative behavior: The role of entrepreneurial leadership [J]. Journal of Business Research, 2018, 89 (1): 1 - 9.

业家具有务实的特质。Wang 等（2012）[①] 基于中国两家高科技民营企业，发现中国特有的文化环境影响创业领导力。

2.1.4　创业型领导的作用后果

目前关于创业型领导的研究大部分集中于创业型领导内涵的界定、理论框架的构建以及创业型领导的维度划分和测量上，相关的实证研究相对较少，但也取得了一定的进展。本书将创业型领导的作用后果研究整理为表 2－6。

2.1.4.1　创业型领导与结果变量的关系

（1）个体层面。国外有少数研究从个体层面探讨创业型领导的结果变量，主要体现在个体的效能感、创新行为方面。Laspita 等（2012）认为，创业型领导在满足员工需求的同时也会与员工形成信任，这种信任的关系会促进员工创业效能感的提升。Bagheri 和 Akbari（2018）[②] 基于伊朗 273 名公立和私立医院护士的研究，发现创业型领导能够积极促进护士的创新工作行为。Newman 等（2018）[③] 对一家大型中国跨国公司的 66 名中层管理人员和 346 名员工进行研究时也发现创业型领导正向影响员工的创新行为。Cai（2019）基于 8 家中国企业 43 名领导和 237 名员工展开实证研究，结果表明创业型领导与员工创造力之间存在显著的正相关关系。

国内学者就创业型领导对员工组织承诺、个体主动性、工作满意度、创新行为、建言行为的影响开展了实证研究。杨静和王重鸣（2013）发现，聚焦于员工的女性创业型领导会对员工的变革承诺和个体主动性产生积极的正向影响。李恒等（2014）[④] 在回顾国内外创业型领导文献的基础上，提出了创业型领导与员工间的不完全信息静态博弈模型，以北京、上海等地 20 家企业的领导者与员工为样本，通过实证研究发现创业型领导与员工的组织承诺及员工工作满意度之间存

① Wang C L, Tee D D, Ahmed P K. Entrepreneurial leadership and context in Chinese firms：A tale of two Chinese private enterprises［J］. Asia Pacific Business Review, 2012, 18（4）：505－530.

② Bagheri A, Akbari M. The impact of entrepreneurial leadership on nurses' innovation behavior［J］. Journal of Nursing Scholarship, 2018, 50（1）：28－35.

③ Newman A, Herman H M, Schwarz G, et al. The effects of employees' creative self－efficacy on innovative behavior：The role of entrepreneurial leadership［J］. Journal of Business Research, 2018, 89（1）：1－9.

④ 李恒，李玉章，陈昊，等. 创业型领导对员工组织承诺和工作满意度的影响——考虑情绪智力的中介作用［J］. 技术经济，2014, 33（1）：66－74.

表2-6 创业型领导的作用后果研究文献整理

研究层面	作者（年份）	研究问题	数据/样本来源	研究对象	研究结论
	Devarajan 和 Ramachandran（2002）	探究创业型领导与企业创新之间的关系	案例	印度2家制药企业	创业型领导能够有效地促进主导科技型企业的创新活动
	Chen（2007）	探讨创业型领导与企业创新能力之间的关系	访谈	12个台湾高科技新企业的创业团队	创业型领导会对企业的创新能力（专利创造）产生影响
	Van Zyl 和 Mzthur-Helm（2007）	探讨创业型领导与企业绩效之间的关系	二手数据	已有研究	创业型领导对企业绩效的影响由市场导向和关系市场导向进行中介
	史娟（2012）	探讨创业型领导与创新企业绩效的作用机制	问卷调查	深圳35家创业型企业110名员工	创业型领导正向影响创业绩效，创业导引起中介作用
	黄胜兰（2015）	探讨创业型领导与创业企业绩效之间的作用机制	问卷调查	中国新创企业181名高层管理者	创业型领导正向影响新创企业绩效，探索式创新发挥中介作用，环境动态性和环境竞争性起调节作用
组织层面	Koryak（2015）	探讨创业型领导与企业成长之间的关系	二手数据	已有研究	创业型领导能提高中小型企业的动态能力及持续增长能力，并对企业成长有促进作用
	Mokhber（2016）	探讨创业型领导组织创新之间的关系	问卷调查	马来西亚前100名公司	创业型领导是组织创新需求的重要驱动因素，员工创造自我效能感在其中起中介作用
	金昕和金怡伶（2016）	探讨创业型领导如何提高企业创业绩效	问卷调查	延边地区民营企业206名管理者	创业型领导积极影响创业绩效
	张翔和丁栋虹（2016）	探讨创业型领导与企业战略柔性之间关系	问卷调查	长三角、珠三角企业197名高层管理者	创业型领导对企业战略柔性有显著的积极影响，组织学习发挥部分中介作用
	张翔（2017）	探讨创业型领导与创业企业绩效之间的作用机制	问卷调查	长三角、珠三角400家企业213名高层管理者	能力柔性在创业型领导对创业企业绩效关系间发挥中介作用。环境动态性对于创业型领导与能力柔性关系具有调节作用

续表

研究层面	作者（年份）	研究问题	数据/样本来源	研究对象	研究结论
组织层面	Al Mamun（2018）	探讨创业型领导如何影响微型企业可持续	问卷调查	马来西亚 403 名微型企业企业家	创业型领导积极影响微型企业可持续性，微型企业绩效起到中介作用
团队层面	Cai（2019）	探讨创业型领导团队层面、员工层面的创造力	问卷调查	8 家中国企业 43 名领导和 237 名员工	创业型领导积极影响团队、员工创造力，创新效能感发挥中介作用
	刘伯龙和王弘钰（2019）	探讨创业型领导与团队有效性的作用机制	问卷调查	107 个创业团队领导者	创业型领导促进团队有效性，团队双元学习和团队创业激情起中介作用
	杨静和王重鸣（2013）	探讨创业型领导与员工变革承诺和个体主动性之间的关系	问卷调查	152 名女性企业家	女性创业型领导促进员工的变革承诺和个体主动性产生
	李佰等（2014）	探讨创业型领导与员工组织承诺和工作满意度之间的作用机制	问卷调查	北京、上海等地的 20 家企业的领导者与员工	创业型领导对员工的组织承诺及员工工作满意度具有显著的正相关关系，情绪智力发挥中介作用
	杨静和王重鸣（2016）	研究女性创业型领导如何调动员工个体主动性	问卷调查	152 家女性经营企业	女性创业型领导通过领导成员关系影响员工个体主动性
个体层面	向娟（2017）	探讨创业型领导如何影响员工建言	问卷调查	重庆、浙江等地企业 98 名领导和 310 名员工	创业型领导积极影响员工建言、心理授权在发挥部分中介作用，内隐追随和领导团队自省性发挥调节作用
	Bagheri（2018）	探讨创业型领导对护士创新工作行为的影响	问卷调查	伊朗 273 名公立和私立医院的护士	创业型领导正向影响护士创新工作行为
	Newman（2018）	探讨员工创新效能感与创新行为之间的作用机制	问卷调查	一家大型中国跨国公司的 66 名中层管理人员和 346 名员工	创新自我效能感积极影响员工创新行为，创业型领导起到中介作用
	郭新宏等（2019）	探讨创业型领导与追随者创造力之间的作用机理	问卷调查	3 家上海企业 201 对领导者—追随者匹配	创业型领导积极影响创造力，工作激情与心理脱离在其中起中介作用，内隐追随在其中起调节作用

在显著的正相关关系，验证了 Podsakoff（1996）等①提出的领导者特质是影响员工组织承诺的重要因素，且时间越长，就会影响越深的观点。创业型领导影响员工态度，进一步影响员工行为，如陈文沛（2015）② 对创业型领导影响员工创新行为的多重中介效应进行了探究，基于 281 份问卷调查数据，发现创业型领导对员工创新行为具有正向影响。向娟（2017）③ 以重庆、浙江等地企业 98 名领导和 310 名员工为样本，实证研究发现创业型领导能够正向影响员工建言行为。郭衍宏等（2019）基于上海 3 家企业 201 对领导者—追随者的匹配数据，实证研究表明创业型领导正向影响追随者创造力。

（2）团队层面。国内外少数研究从团队层面来探讨创业型领导的影响效果。Cai（2019）对 8 家中国企业 43 名领导和 237 名员工进行了数据收集，通过实证研究发现创业型领导对团队创造力具有显著的正向影响。刘伯龙和王弘钰（2019）④ 以 107 个创业团队领导者为研究样本，实证研究结果表明创业型领导对团队有效性有显著的正向影响。

（3）组织层面。相比于个体层面和团队层面，从组织层面探讨创业型领导影响效果的研究较为丰富。国外学者对创业型领导影响企业绩效进行了大量研究。Devarajan 和 Ramachandran（2002）以印度科技型公司为样本，实证分析了创业型领导对企业绩效的影响，研究结果表明创业型领导能够有效地促进科技主导型企业的创新活动，从而有助于企业获得成功。Chen（2007）的研究再次验证了 Devarajan 等的结论，他通过对中国台湾地区 112 家高新技术新创企业的调查发现，创业型领导会对企业的创新能力产生影响，继而提升企业绩效。Van Zyl 和 Mzthur – Helm（2007）也通过实证调查研究发现，创业型领导正向影响企业绩效。Mgeni（2015）⑤ 以坦桑尼亚的中小型企业为样本，同样发现 CEO 的创业

① Podsakoff P M, Mackenzie S B, Bommer W H. Transformational leader behaviors and substitutes for leadership as determinants of employee satisfaction, commitment, trust, and organizational citizenship behaviors [J]. Journal of Management, 1996, 22 (2): 259 – 298.

② 陈文沛. 创业型领导影响员工创新行为多重中介效应的比较 [J]. 技术经济, 2015, 34 (10): 29 – 33.

③ 向娟. 内隐追随和团队自省性调节下的创业型领导与员工建言：心理授权的中介作用 [D]. 重庆：重庆大学, 2017.

④ 刘伯龙, 王弘钰. 创业型领导与团队有效性的关系研究 [J]. 工业技术经济, 2019, 38 (4): 126 – 132.

⑤ Mgeni T O. Impact of entrepreneurial leadership style on business performance of SMEs in Tanzania [J]. Journal of Entrepreneurship & Organization Management, 2015, 4 (2): 1 – 9.

型领导行为能有效提高企业绩效。

关于创业型领导的其他影响效果，国外学者也进行了相关研究。Ling 和 Jaw (2011)[①] 对高管团队创业型领导行为与国际人力资本管理以及全球竞争力的关系进行了探讨，研究发现高管团队创业型领导行为对国际人力资本管理和企业全球竞争力具有显著的正向影响。Kansikas 等（2012）[②] 基于三个家族式企业的调查研究发现，家族性和创业型领导都是战略创业的重要资源。也有学者证实了创业型领导能够正向影响企业创新行为，如 Arshi 和 Viswanath（2013）发现创业型领导分别对企业的突破性创新和渐进性创新具有显著的正向影响。Mokhber 等 (2015)[③] 指出创业型领导是组织创新需求的重要驱动因素。还有学者在研究中发现创业型领导有利于企业可持续性发展，如 Koryak 等（2015）对创业型领导、组织能力及其对中小型企业成长的影响进行了实证研究，结果表明创业型领导能提高中小型企业的动态能力及持续增长能力，并对企业成长有促进作用。Mamun 等（2018）以马来西亚 403 名微型企业企业家为研究样本，同样得出创业型领导正向影响微型企业可持续性的研究结论。

与国外学者相似，国内学者对创业型领导与企业绩效的关系也进行了大量研究。曲维鹏（2005）[④] 及徐娟（2013）均在实证研究中证实了创业型领导对企业绩效的正向促进效应。杨静和王重鸣（2013）在研究女性创业型领导时，发现女性创业型领导对创业组织绩效有显著正向影响。黄胜兰（2015）收集了新创企业的 168 份问卷数据，经过实证研究发现创业型领导能有效提高新创企业绩效。张翔和丁栋虹（2016）[⑤] 在对创业型领导影响新创企业绩效的研究中得出了相同的结论。另外李华晶和张玉利（2006）提出，面对复杂多变的创业环境，高管团队的创业型领导是企业创业成功的重要因素。学者们据此对创业型领导与创业绩效

① Ling Y H, Jaw B H. Entrepreneurial leadership, human capital management, and global competitiveness: An empirical study of Taiwan MNCs [J]. Journal of Chinese Human Resource Management, 2011, 21 (2): 117 – 135.

② Kansikas J, Laakkonen A, Sarpo V, et al. Entrepreneurial leadership and familiness as resources for strategic entrepreneurship [J]. International Journal of Entrepreneurial Behavior and Research, 2012, 18 (2): 141 – 158.

③ Mokhber M, Wan Ismail W K, Vakilbashi A, et al. Towards understanding the influence of entrepreneurial leadership on organization demand for innovation [J]. Advanced Science Letters, 2015, 21 (5): 1481 – 1484.

④ 曲维鹏. 创业型领导行为及其与创业绩效的关系研究——青岛创业模式初探 [D]. 杭州: 浙江大学, 2005.

⑤ 张翔, 丁栋虹. 创业型领导对新创企业绩效影响的中介机制研究——组织学习能力与战略柔性的多重中介效应分析 [J]. 江汉学术, 2016, 35 (5): 14 – 22.

的关系展开研究，例如史娟（2012）基于深圳 35 家创业型企业的调查研究，发现创业型领导正向影响创业绩效。金雄和金怡伶（2016）以延边地区民营企业 206 名管理者为研究对象，证实了不同地区的创业型领导对创业绩效的积极影响。

2.1.4.2 创业型领导的作用机制研究

国内外学者对创业型领导的作用机制也展开了进一步探讨，相关的中介变量主要分为员工层面、团队层面、组织层面。员工层面主要包括情绪智力、心理授权、创新效能感、工作激情和心理脱离。李恒等（2014）研究发现情绪智力在创业型领导与员工的组织承诺及工作满意度的关系中起中介作用，即创业型领导能够通过影响员工的情绪智力来增强员工的组织承诺和工作满意度。心理授权也被证明是创业型领导作用于员工行为的传导变量，如陈文沛（2015）探讨创业型领导对员工创新行为的作用机制，研究发现创业型领导通过心理授权影响员工创新行为。向娟（2017）基于对重庆、浙江等地企业 98 名领导和 310 名员工的问卷调查数据，同样发现心理授权在创业型领导与员工建言的关系中发挥部分中介作用。Cai（2019）以 8 家中国企业 43 名领导和 237 名员工为研究样本，发现创新效能感在创业型领导与员工创造力发挥中介作用。创业型领导通过激发员工的创新效能感，继而使得员工表现出创造力。郭衍宏等研究（2019）发现工作激情与心理脱离在创业型领导和追随者创造力之间发挥中介作用。杨静和王重鸣（2016）[①] 以 152 家女性经营企业为样本，采用实证研究的方法，发现女性创业型领导通过领导成员关系影响员工个体主动性。团队层面的中介变量包括团队双元学习和团队创业激情。刘伯龙和王弘钰（2019）认为创业型领导通过团队双元学习和团队创业激情的双重中介作用进而对团队有效性产生影响。组织层面的中介变量包括战略导向、双元创新、组织学习、组织创新氛围、战略柔性、企业绩效。Van Zyl 和 Mzthur – Helm（2007）研究发现创业型领导对企业绩效的影响是以市场导向和关系导向为中介发挥作用。史娟（2012）研究发现创业型领导通过创业导向影响创业绩效。黄胜兰（2015）选取中国新创企业 181 名高层管理者作为研究对象，研究发现创业型领导通过探索式创新和利用式创新对新创企业绩效产生影响。张翔[②]（2017）基于战略创业理论，基于 213 个样本的数据，研究发

---

① 杨静，王重鸣. 基于多水平视角的女性创业型领导对员工个体主动性的影响过程机制：LMX 的中介作用 [J]. 经济与管理评论，2016, 32（1）：63 – 71.

② 张翔. 创业型领导、能力柔性与新创企业绩效——基于环境动态性的调节作用分析 [J]. 黄河科技大学学报，2017, 19（5）：87 – 95.

现战略柔性中的能力柔性在创业型领导与新创企业绩效关系之间发挥中介作用。Al Mamun（2018）以马来西亚403名微型企业企业家为研究样本，来探究创业型领导对微型企业可持续性的作用机制，研究结果表明微型企业绩效在创业型领导与微型企业可持续性之间起到中介作用。

2.1.4.3 创业型领导有效性的边界条件研究

界定创业型领导有效性的边界条件能够为创业型领导研究提供新的视角。Ensley（2006）[①] 在其实证研究中就指出，由于创业活动具有多样性，创业情境也各有不同，在考虑创业型领导与企业绩效的关系时，要将环境的复杂性和不确定性纳入到研究模型。史娟（2012）基于35家深圳企业的数据，研究发现创业环境动态性是创业型领导对创业绩效产生影响的重要条件。在高动态环境下，创业型领导更加关注如何在复杂的环境中有效识别机会、制定战略、合理配置资源，最终获得创业绩效。黄胜兰（2015）收集了168家新创企业的问卷数据，实证研究结果发现环境动态性和环境竞争性在创业型领导对新创企业绩效的影响过程中发挥调节作用。张翔（2017）基于长三角、珠三角400家企业213名高层管理者的调查数据，发现环境动态性在创业型领导与能力柔性关系中发挥正向调节作用。

创业型领导有效性的边界条件还体现在组织层面、团队层面和个体层面上。在组织层面，金雄和金怡伶（2016）发现组织文化中组织优势特性和组织凝聚力两方面在创业型领导与创业绩效之间的关系中发挥调节作用。在团队层面，Chen（2007）研究发现创业团队创造力影响创业型领导对企业创新能力的促进作用。向娟（2017）认为团队自省性在创业型领导对员工建言的影响中发挥正向调节作用，换言之，当团队自省性强时，创业型领导能够显著促进员工建言行为。在个体层面，陈文沛（2015）研究发现员工变革承诺正向调节创业型领导与员工创新行为的关系，也就是说在高员工变革承诺的情境下，创业型领导能更好地预测员工创新行为。Mokhber 等（2016）指出，创业型领导是组织创新需求的重要驱动因素，而员工的创造自我效能感是调节两者关系的重要变量。郭衍宏等（2019）研究发现内隐追随在创业型领导与工作激情的情境路径中，以及在创业型领导与心理脱离非工作情境路径中均起正向调节作用。

---

① Ensley M D, Peacre C L, Hmielesk K M. The moderating effect of environmental dynamism on the relationship between entrepreneur leadership behavior and new venture performance ［J］. Journal of Business Venturing, 2006, 21（2）: 243 – 263.

2.1.5 创业型领导文献评介

通过对国内外创业型领导的相关研究进行梳理整理如图 2 - 1 所示,我们发现目前创业型领导研究已取得了一定的成果,诸多学者对创业型领导的内涵与结构维度进行了探索,关于创业型领导有效性的实证研究也相继展开。但总体来看,现有研究尤其是国内创业型领导的相关研究,仍存在几点不足之处,有待日后的研究进一步改进,具体体现在以下四个方面:

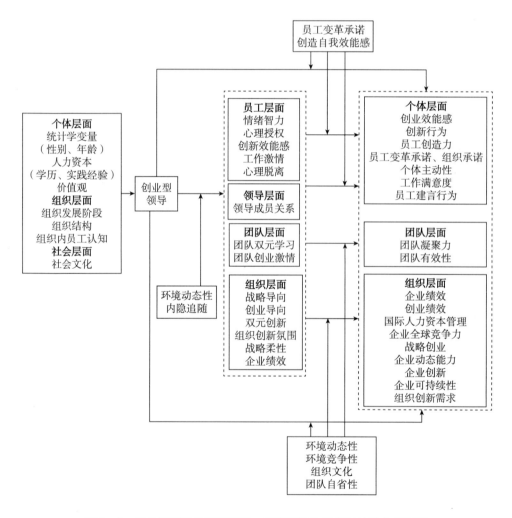

图 2 - 1 创业型领导的影响因素、后果及其作用机制的整合框架图

一是明确中国情境下创业型领导的概念内涵。创业型领导是一个整合了创业研究、领导力研究与组织行为研究的新概念，其概念的界定对相关研究的推进具有重要的奠基作用。创业型领导的内涵不仅包含了领导力的特征，还交融了"创业""创业导向"与"创业管理"的核心特征。创业型领导与其他领导风格最大的不同在于其强调领导者在面对高度不确定性的环境时，引导追随者进行持续的战略价值创造。现有关于创业型领导内涵的研究主要分为"能力观"和"行为观"两大流派，而研究视角的多样化对明确创业型领导的概念内涵提出了相当大的挑战。此外，由于中国正处于经济转型阶段，企业所处的外部环境与国外相比具有一定的独特性。中国情境下创业型领导的概念内涵也必然会与国外学者提出的有所不同，不能一概而论（王重鸣等，2006）。因此，如何基于中国本土情境，提出兼具中国文化特色和创业型领导核心特征的本土化创业型领导概念内涵是当前创业型领导研究亟须解决的一个问题。

二是开发中国情境下的创业型领导量表。目前国内有关创业型领导的实证研究相对较少，已有研究大多采用国外的量表，并不能较好地体现中国情境下的创业型领导与国外创业型领导的不同之处。就创业型领导的测量而言还未形成较好的量表，Gupta 等（2004）设计的创业型领导双维度五角色模型虽然被运用得最为广泛，但其开发时所用的 GLOBE 样本并不是专门用于创业型领导，缺乏一定的严谨性。因此，有必要在质化研究的基础上，运用规范的研究方法开发创业型领导的本土化测量量表（刘追等，2015）。

三是深入探讨创业型领导的作用机制。在创业型领导的前因变量研究中，尽管学者从个体层面、组织层面和社会层面展开了研究，但是对于识别创业型领导的影响因素仍然相当匮乏。在创业型领导的影响效果方面，相关研究涉及个体层面、团队层面和组织层面。相比于组织层面，学者对其他两个层面的研究不足。此外，在组织层面，现有研究较多地探讨创业型领导与新创企业成长的直接影响关系，很有必要深入分析创业型领导影响新创企业成长的内在机制与边界条件，以期深化我们对创业型领导有效性的认识。

四是综合运用问卷调查、半结构化、结构化访谈相结合的研究方法来开展创业型领导研究。在文献回顾时，我们发现已有创业型领导研究大多是采用量化研究方法，运用横截面问卷数据进行实证分析，较少涉及定性研究方法，难以全面地理解中国情境下创业型领导的内涵及影响机制。虽然杨静等（2013）采用定性研究方法对中国情境下的女性创业型领导进行了理论建构并开发了相应的量表，但其仅针对女性的创业型领导者，在适用性上存在一定的局限。因此，未来可以运用定性与定量相结合的方法开展创业型领导研究。

2.2 新创企业成长文献回顾与述评

2.2.1 新创企业的界定

新创企业的概念最早来自英文文献中的 New venture 和 Start – up，国内学者将这两个概念翻译为新创企业。当前，学术界对于新创企业的界定并未达成统一认识。通过梳理已有的文献发现，多数学者从两个角度界定新创企业：一是企业的生命周期角度，另一是企业经营的时间角度。

第一类以企业生命周期为依据进行界定。西方早期的新创企业的研究可追溯至组织生命周期理论[①]，该理论认为组织同生命体一样均存在生命周期。随后，Biggadike（1989）[②] 将企业发展周期分为三个时期：初创期、青春期和成熟期。通过对不同时期企业绩效进行比较后，进一步指出初创期和青春期是大部分企业在盈利之前必须经历的阶段。Kazanjian 和 Drazin（1990）[③] 在研究中将企业的生命周期划分扩充至四个阶段，即概念发展期、商品化期、成长期以及稳定期，只有企业发展稳定时才能称为是成熟阶段，其他阶段为初创阶段。在 Kazanjian 和 Drazin（1990）基础上，Chrisman 等（1998）[④] 将新创企业界定为企业达到成熟阶段之前所呈现出的形态。因此，综合 Kazanjian 和 Drazin（1990）和 Chrisman 等（1998）的观点，未达到成熟之前的企业均应该属于新创企业，是企业在发展

---

① Greiner L E. Evolution and revolution as organizations grow ［J］. Harvard Business Review, 1972, 50 (4)：37 –46.

② Biggadike R. The risky business of diversification ［M］. Readings in Strategic Management. Palgrave, London, 1989：177 –190.

③ Kazanjian, Robert K, Drazin, Robert. A stage – contingent model of design and growth for technology based new ventures ［J］. Journal of Business Venturing, 1990, 5 (3)：137 –150.

④ Chrisman J J, Bauerschmidt A, Hofer C W. The determinants of new venture performance：An extended model ［J］. Entrepreneurship Theory & Practice, 1998, 23 (1)：5 –29.

中要必经的早期阶段①。

部分国内学者也认为，在达到成熟期之前，企业所经历的阶段都属于新创阶段，并且专门针对新创阶段进行研究。程李梅等（2014）②、祝振铎和李非（2017）③ 认为新创阶段可以划分为初创和早期成长两个阶段。蔡莉和单标安（2010）④ 将新创企业分为三个阶段，即创建期、存活期以及成长期。李宏贵等（2017）⑤ 把成熟期之前的阶段细分为创建、生存和发展这三个生命周期阶段。

第二类以企业经营时间为依据进行界定。这类研究认为，企业的经营时间或者年龄往往是反映其是否为新创企业最直观的指标，但究竟经营多长时间能界定为新创企业，学术界对于具体时间的标准并不一致。

一种是以具体的年限来界定新创企业，时间 3 ~ 10 年不等。Baron 等（2012）⑥ 认为新创企业的成立时间应该小于 3 年。根据全球创业观察（GEM）的界定，新创企业的标准是成立时间小于 3.5 年。Brush（1995）⑦ 认为新创企业的界定时间标准不宜过长，6 年是最合适的界定标准。随后，Shrader（1996）⑧ 和 Zahra 等（1996）⑨ 在研究中也赞同界定时间不宜过长这一论断，Zahra（1996）指出，新创企业的界定标准应该为 8 年，他认为这段时间足以帮助企业克服新生缺陷。一些学者与 Zahra（1996）秉持相同的观点，Kazanjian 和 Drazin

① Busenitz L W, Plummer L A, Klotz A C, et al. Entrepreneurship research (1985 – 2009) and the emergence of opportunities ［J］. Entrepreneurship Theory & Practice, 2014, 38（5）：981 – 1000.

② 程李梅，范珂. 网络特征，资源获取对新创企业绩效影响研究 ［J］. 工业技术经济，2014，33（1）：51 – 58.

③ 祝振铎，李非. 创业拼凑，关系信任与新企业绩效实证研究 ［J］. 科研管理，2017，38（7）：108 – 116.

④ 蔡莉，单标安. 创业网络对新企业绩效的影响——基于企业创建期，存活期及成长期的实证分析 ［J］. 中山大学学报（社会科学版），2010，50（4）：194 – 202.

⑤ 李宏贵，张月琪，陈忠卫. 技术逻辑，制度逻辑与新创企业创新绩效——基于新创企业发展阶段的分析 ［J］. 科技进步与对策，2017，34（10）：83 – 89.

⑥ Baron R A, Hmieleski K M, Henry R A. Entrepreneurs' dispositional positive affect：The potential benefits – and potential costs – of being "up" ［J］. Journal of Business Venturing, 2012, 27（3）：310 – 324.

⑦ Brush C. International entrepreneurship：The effect of firm age on motives for internationalization ［J］. Hypertension, 1995, 60（3）：78 – 85.

⑧ Shrader R. Influences on and performance implications of internationalization by publicly owned U. S. new ventures：A risk taking perspective ［D］. Georgia State University, 1996.

⑨ Zahra S A. Technology strategy and financial performance：Examining the moderating role of the firm's competitive environment ［J］. Journal of Business Venturing, 1996, 11（3）：189 – 219.

（1990）研究认为，新创企业向成熟阶段过渡平均需要 8 年，因此将创立 8 年以内的企业视为新创企业为宜。Batjargal 等（2013）[①] 延续 Kazanjian 和 Drazin（1990）的观点，也将成立时间在 8 年以内的企业界定为新创企业。Kiss 和 Barr（2014）[②] 认为界定时间并不限于 8 年，将 10 年作为新创企业的界定标准。国内创业领域的学者对新创企业的年限界定也不统一，胡望斌等（2009）[③] 提出以 5 年为界，蔡莉和尹苗苗（2009）[④]、张秀娥和张坤（2018）[⑤] 则同意将成立时间在 8 年以内作为新创企业的标准。

另一种是以一段时间区间为界定标准，企业经营时间在此区间之内的都可归纳为新创企业。Yli‐Renko 等（2002）[⑥] 将新创企业界定为成立时间在 1~10 年间的企业，甚至有学者认为初创阶段可以长达 8~12 年（Kazanjian 和 Drazin，1990）。李新春等（2010）[⑦] 在研究中对新创企业的经营时间进行分析，认为企业的初创阶段往往要经历 3~5 年，张健等（2003）[⑧] 则提出新创企业的年限应该不超过 6~8 年。

综上所述，国内外学者主要从企业的生命周期和企业经营时间两个方面来界定新创企业，整理如表 2-7 所示。从已有文献可以看出，无论采用哪种界定方式，新创企业与成熟企业相比都具有一定的初创劣势。

① Batjargal B, Hitt M A, Tsui A S, et al. Institutional polycentrism, entrepreneurs' social networks, and new venture growth［J］. Academy of Management Journal, 2013, 56（4）：1024 - 1049.

② Kiss A N, Barr P S. New product development strategy implementation duration and new venture performance：A contingency‐based perspective［J］. Journal of Management, 2014, 26（3）：638 - 640.

③ 胡望斌, 张玉利, 牛芳. 我国新企业创业导向、动态能力与企业成长关系实证研究［J］. 中国软科学, 2009（4）：107 - 118.

④ 蔡莉, 尹苗苗. 新创企业学习能力, 资源整合方式对企业绩效的影响研究［J］. 管理世界, 2009（10）：129 - 132.

⑤ 张秀娥, 张坤. 创业导向对新创社会企业绩效的影响——资源拼凑的中介作用与规制的调节作用［J］. 科技进步与对策, 2018, 35（9）：97 - 105.

⑥ Yli‐Renko H, Autio E, Tontti V. Social capital, knowledge, and the international growth of technology‐based new firms［J］. International Business Review, 2002, 11（3）：279 - 304.

⑦ 李新春, 梁强, 宋丽红. 外部关系—内部能力平衡与新创企业成长——基于创业者行为视角的实证研究［J］. 中国工业经济, 2010（12）：97 - 107.

⑧ 张健, 姜彦福, 林强. 创业理论研究与发展动态［J］. 经济学动态, 2003（5）：71 - 74.

表 2 - 7　新创企业的界定

界定依据	作者（年份）	定义
企业生命周期	Kazanjian 和 Drazin（1990）	新创企业是企业在生长过程中的初始阶段，是指从企业成立甚至企业最初创意开始至达到成熟期之前的一个特殊时期
	Holt（1992）①	新创企业是处于孕育阶段、创建阶段和早期成长阶段的企业
	Busenitz 等（2014）	新创企业是未达到成熟之前的企业，是企业在发展中要必经的早期阶段
	祝振铎和李非（2017）	新创企业是处于初创期和早期成长阶段的企业
企业经营时间	Yli - Renko 等（2001）	新创企业是成立时间在 1 ~ 10 年间的企业
	蔡莉和尹苗苗（2009）	新创企业是成立时间小于或等于 8 年的企业
	胡望斌等（2009）	新创企业是成立时间在 5 年以内的企业
	李新春等（2010）	初创时间 3 ~ 5 年的企业为新创企业
	Batjargal 等（2013）	成立时间 8 年内的企业为新创企业
	Kiss 和 Barr（2014）	成立时间 10 年内的企业为新创企业
	张秀娥和张坤（2018）	成立时间在 8 年以内的企业称为新创企业

2.2.2　新创企业成长的测量

新创企业的成长是企业界和学术界共同关注的焦点问题。在有关新创企业成长的研究中，国内外学者更加关注的是新创企业绩效的测量指标体系。关于新创企业绩效测量的指标体系较多，却尚未形成公认的测量体系。有关新创企业成长的测量维度详见表 2 - 8。

表 2 - 8　新创企业成长的测量指标

作者（年份）	测量方法	维度
Capon（1990）	单一指标	生产效率等
Murphy（1996）	多指标	利润、成长、效率
Zahra（2000）	主观指标	重要性和满意度；
	客观指标	销售增长率、市场占有率、净资产收益率

---

① Holt D H. Entrepreneurship: New venture creation ［M］. New Jersey: Prentice Hall, 1992.

作者（年份）	测量方法	维度
Ensley 等（2002）	财务指标	销售额增长、盈利能力
Wiklund 和 Shepherd（2005）①	多指标	财务绩效、成长性
沈超红和罗亮（2006）	主观指标	顾客满意度等
Stam 和 Elfring（2008）②	主观指标 客观指标	销售增长、就业增长、市场份额、创新； 销售增长率
刘井建（2011）③	非财务指标	员工满意度、市场份额、创新程度等
彭伟等（2013）④	主观指标	销售额增长、雇员数量增长、市场份额增长
陈彪（2017）⑤	财务指标 非财务指标	年销售收入、净收益率、资产回报率； 客户对产品/服务价值的评价、新员工数量增长速度、对市场的反应速度、企业声誉
崔月慧等（2018）⑥	财务指标 非财务指标	净收益率、市场占有率、投资收益等； 新员工增长速度、新产品或服务发展速度

2.2.2.1 单一指标和多指标测量

最初，为保证测量的准确性和可观察性，众多学者普遍支持单一指标进行测量。Capon 等（1990）⑦认为单一的经济变量如销售报酬率、生产效率、利润率等就可以衡量企业的绩效。Zahra（1993）⑧提出，在创业活动中单一指标更能够显示出企业对利润最大化的追逐和企业绩效的提升，企业的创业战略在生产率、

---

① Wiklund J, Shepherd D. Entrepreneurial orientation and small business performance：A configurational approach ［J］. Journal of Business Venturing, 2005, 20（1）：71－91.

② Stam W, Elfring T. Entrepreneurial orientation and new venture performance：The moderating role of intra－and extraindustry social capital ［J］. Academy of Management Journal, 2008, 51（1）：97－111.

③ 刘井建. 创业学习、动态能力与新创企业绩效的关系研究——环境动态性的调节 ［J］. 科学学研究, 2011, 29（5）：728－734.

④ 彭伟, 顾汉杰, 符正平. 联盟网络, 组织合法性与新创企业成长关系研究 ［J］. 管理学报, 2013, 10（12）：1760－1769.

⑤ 陈彪. 战略形成, 创业学习与新创企业绩效 ［J］. 外国经济与管理, 2017, 39（9）：3－15.

⑥ 崔月慧, 葛宝山, 董保宝. 双元创新与新创企业绩效：基于多层级网络结构的交互效应模型 ［J］. 外国经济与管理, 2018, 40（8）：45－57.

⑦ Capon N, Farley J U, Hoenig S. Determinants of financial performance：A meta－analysis ［J］. Management Science, 1990, 36（10）：1143－1159.

⑧ Zahra S A. Environment, corporate entrepreneurship, and financial performance：A taxonomic approach ［J］. Journal of Business Venturing, 1993, 8（4）：319－340.

销售报酬率、运营效率等方面可以显现出来。

但在现实中，新创企业的复杂性与此类简单的单一指标测量评价思维不相符合。因此，Robbins（1990）[1] 指出，学者们应该更加注重多元目标之间的构造性来避免评价目标的散乱，并保证指标体系内部的逻辑性，依靠差别化的指标对创业组织多元化的发展进行客观的评价，例如财务、顾客、内部流程和学习与成长性。Murphy 等（1996）[2] 通过对 1987～1993 年有关新创企业绩效的实证文献进行归纳和分析发现，可以用多维度指标衡量新创企业绩效，其中被采用最多的三个维度分别是利润、成长和效率。

2.2.2.2　财务指标和非财务指标测量

早期研究认为，新创企业成长首先体现财务方面的"盈利性"，Dess 和 Robinson（1984）[3] 等早期学者提出财务评价指标能够更加客观地反映创业活动盈利性的本质，如获利能力、营业增长水平、投资回报率等。Ensley 等（2002）通过新创企业的销售额增长和盈利能力来测量绩效，他认为企业的销售额是指企业在过去 1 年内销售额的累积增长；盈利能力则是指利润在总销售额中比例，并且将盈利能力划分为六个不同层次。

然而，财务数据属于企业的商业机密，可获得性不高。相对而言，非财务指标既能够反映公司的经营状况，又比较容易获得。因此，学者将新创企业绩效的评价从财务指标转向非财务指标。学者认为应该从顾客（顾客忠诚度、顾客满意度等）和员工（员工满意度、组织承诺、员工离职率等）这两个利益相关者的角度衡量新创企业的非财务绩效（Kaplan 和 Norton，1996）[4]。McDougall 和 Oviatt（1996）[5] 又将市场份额纳入新创企业绩效的指标体系中。另外，Amason 等

①　Robbins S P. Organization theory: Structures, designs, and applications, 3/e ［M］. Pearson Education India, 1990.

②　Murphy G B, Trailer J W, Hill R C. Measuring performance in entrepreneurship research ［J］. Journal of Business Research, 1996, 36（1）: 15－23.

③　Dess G G, Robinson Jr R B. Measuring organizational performance in the absence of objective measures: The case of the privately－held firm and conglomerate business unit ［J］. Strategic Management Journal, 1984, 5（3）: 265－273.

④　Kaplan R S, Norton D P. Linking the balanced scorecard to strategy ［J］. California Management Review, 1996, 39（1）: 53－79.

⑤　McDougall P P, Oviatt B M. New venture internationalization, strategic change, and performance: A follow－up study ［J］. Journal of Business Venturing, 1996, 11（1）: 23－40.

(2006)① 认为相对于成熟企业，新创企业更注重创新，因此企业创新的程度和效果也是反映新创企业绩效的重要维度。

2.2.2.3 主观指标和客观指标测量

主观评价绩效的方法主要是通过可感知的销售额和顾客满意度等主观感受来对新创企业的绩效进行测量②。Dess 和 Robinson（1984）认为在新创企业绩效评价的过程中，主观指标的引入可以弥补财务资料无法获取和标准不统一的问题，其信度和效度均较高。随后，Delaney 和 Huselid（1996）③ 也提出，不能仅仅依靠财务指标来评判企业业绩的高低，在判断营运目标是否达成时引入主观指标是不可或缺的。

客观评价绩效的方法是指根据企业利润率、增长率以及销售额等客观的数据来衡量新创企业的绩效（沈超红和罗亮，2006）。Covin 和 Slevin（1989）④ 认为这种方法能够非常直观地反映企业的经营状况，但数据的获取难度较大且不同行业之间的可比性不强。因此，主观指标和客观指标相结合的方式在研究界达成了广泛共识，即采用主客观指标相结合的方法，在以现实数据为依据的基础上，分析具有战略意义的定性指标，对创业活动做出客观准确的评价⑤。

2.2.3 新创企业成长影响因素的相关实证研究

近年来，新创企业成长的影响因素得到了学术界的广泛关注，学者们试图从不同角度探究新创企业成长的影响因素，以期厘清新创企业绩效提升的成因，从而找到促进新创企业成长的有效方法。梳理文献发现，已有研究将影响新创企业成长的因素聚焦在如下几个视角，如表 2-9 所示。

---

① Amason A C, Shrader R C, Tompson G H. Newness and novelty: Relating top management team composition to new venture performance [J]. Journal of Business Venturing, 2006, 21 (1): 125-148.

② 沈超红，罗亮. 创业成功关键因素与创业绩效指标研究 [J]. 中南大学学报（社会科学版），2006, 12 (2): 231-235.

③ Delaney J T, Huselid M A. The impact of human resource management practices on perceptions of organizational performance [J]. Academy of Management Journal, 1996, 39 (4): 949-969.

④ Covin J G, Slevin D P. Empirical relationship among strategic posture environmental context variables, and new venture performance [J]. Frontiers Entrepreneurship Research, 1989, 16 (5): 124-133.

⑤ 张秀娥，赵敏慧. 创业成功的内涵，维度及其测量 [J]. 科学学研究，2018, 36 (3): 474-483.

表 2 – 9　新创企业成长的相关实证研究

研究视角	作者（年份）	前因变量	研究样本	研究结论
创业个体或创业团队	Wang 和 Wu（2012）	团队信任	166 家台湾地区高科技初创企业	团队信任有利于初创企业获取资源，促进新创企业成长
	张秀娥等（2013）	创业团队异质性	264 个新创企业团队	创业团队异质性对创业绩效具有直接的正向影响
	Zaech 和 Baldegger（2017）	变革型领导	102 家初创企业领导者	变革型领导对新创企业绩效具有正向影响
	崔连广（2019）	创业者激情	124 位创业者	创业者拥有较高的创业激情会促进新创企业绩效的提升
	陈金亮等（2019）	企业家社会团体纽带	302 个新创企业企业家	企业家社会团体纽带与新创企业成长之间具有正向的作用关系
企业资源	Li 和 Zhang（2007）	政治网络职能经验	300 家中国的高新技术行业的新创企业	企业管理者的政治网络和职能经验都与新创企业绩效正相关
	朱秀梅和费宇鹏（2010）①	知识获取运营资源获取	322 家成立时间在 42 个月内初创企业	运营资源获取对新企业绩效提高无直接促进作用，而知识资源对二者关系具有加强作用
	Halme 和 Korpela（2014）	金融资本能力社会资本声誉资产	13 家北欧新创中小企业	合理的资源组合能够激发创新从而获得可持续成长
	祝振铎和李非（2014）	创业拼凑	212 家新企业	资源拼凑对初创和早期阶段的新创企业的财务表现都起到了积极作用
	付丙海等（2015）②	纵向链资源横向链资源	196 家长三角地区新创企业	横向链和纵向链知识整合都能有效促进新创企业创新绩效；现纵向链知识整合对创新绩效的影响要大于横向链
	赵兴庐等（2016）	要素拼凑顾客拼凑制度拼凑	349 个新创企业	顾客拼凑以及制度拼凑能够显著提升机会识别能力，进而帮助新创企业获得好的市场表现

---

① 朱秀梅，费宇鹏. 关系特征，资源获取与初创企业绩效关系实证研究［J］. 南开管理评论，2010，13（3）：125 – 135.

② 付丙海，谢富纪，韩雨卿. 创新链资源整合、双元性创新与创新绩效：基于长三角新创企业的实证研究［J］. 中国软科学，2015（12）：181 – 191.

研究视角	作者（年份）	前因变量	研究样本	研究结论
创业战略	蔡莉等（2010）	市场导向战略	192 家新创企业	实施市场导向战略的新创企业更容易满足顾客的需求，从而占领市场并对新创业企业绩效具有直接的提升作用
	Gronum 等（2012）	网络链接	1435 家新创中小企业	强大的、异质的网络联系促进了中小企业的创新和成长
	于晓宇和蔡莉（2013）	战略决策	177 家高科技创业企业	战略决策正向影响新创企业的创新绩效
	彭伟和符正平（2014）	联盟网络	189 家中国新创企业	联盟网络关系强度及中心性位置对其成长绩效具有显著的正向影响
外部环境	Colombo 等（2011）	政府资助	247 家意大利的高新技术行业的新创企业	政府的资助有助于新创企业的生存和发展
	文亮（2011）	创业环境	182 家科创中小企业	中小企业创业环境与创业绩效正相关，并且创业环境的不同维度对创业绩效的作用呈现差异
	Gangi 和 Timan（2013）	创业环境	247 家苏丹企业	不利的政府政策等环境因素负向影响新创企业的生存和发展
	郭海和韩佳平（2019）	创新开放深度创新开放广度	285 家新创企业	创新开放深度对企业成长绩效存在正向影响；创新开放广度对新创业成长绩效的影响并不显著

2.2.3.1 创业个体或创业团队视角

Lee 和 Tsang（2001）[①] 以 168 家新创企业为样本，研究发现新创企业的绩效是由创业者的个人特征（控制源、自力更生、外向性）、背景（教育、创业经历）以及网络活动（社交网络的规模、频率）共同决定的。在创业个体的特征方面，Zaech 和 Baldegger（2017）[②] 基于 102 家初创企业领导者的样本测试以及 372 名员工的反馈，结果发现变革型领导者对新创企业绩效有显著的正向影响。

---

① Lee D Y, Tsang E W K. The effects of entrepreneurial personality, background and network activities on venture growth [J]. Journal of Management Studies, 2001, 38 (4): 583 – 602.

② Zaech S, Baldegger U. Leadership in start – ups [J]. International Small Business Journal, 2017, 35 (2): 157 – 177.

崔连广等（2019）① 基于 124 位创业者的问卷调查数据，运用结构方程模型进行实证研究，结果表明创业者的激情对新创企业绩效的提高有着重要的促进作用。在创业者的创业经历方面，赵文红和孙万清（2013）② 以 154 家新创企业的调研数据为依据，结果表明创业者的先前经验与新创企业绩效存在倒 U 型的相关关系。在创业者社交网络方面，陈金亮等（2019）③ 基于 302 个新创企业样本，探讨企业家社会团体纽带与新创企业成长的关系，实证研究发现企业家社会团体纽带会通过新创企业获取机会来促进新创企业成长。

在创业团队的研究方面，Wang 和 Wu（2012）④ 选取 166 家台湾地区高科技初创企业为样本，研究发现团队信任和资源都是初创企业成功的关键因素，团队信任能够使高科技初创企业获得必要的资源，进而获得成长所必须的竞争优势。张秀娥等（2013）⑤ 探讨创业团队异质性对新创企业的影响，基于 264 家创业企业的实证研究发现创业团队异质性一方面对创业绩效具有直接的正向影响，另一方面通过作用于团队氛围对绩效具有间接的正向影响。朱仁宏等（2018）⑥ 研究发现创业团队契约治理对新创企业绩效有显著的正向影响。

2.2.3.2　企业资源视角

一些学者利用资源基础观解释创业问题，以期揭示新创企业成长的来源。Li 和 Zhang（2007）⑦ 基于资源基础理论和交易成本经济学，以中国 300 家高新技术行业的新创企业作为研究样本，探讨了不同类型的管理资源对转型经济体中新创企业绩效的影响，研究结果表明企业管理者的政治网络和职能经验都与新创企

① 崔连广，张玉利，闫旭.心潮澎湃才能喜出望外？——创业激情对新创企业绩效的作用机制研究 [J].外国经济与管理，2019，41（8）：17 - 28.

② 赵文红，孙万清.创业者的先前经验，创业学习和创业绩效的关系研究 [J].软科学，2013，27（11）：53 - 57.

③ 陈金亮，林嵩，刘小元，等.企业家社会团体纽带与新创企业成长——信息处理观权变视角的探究 [J].管理评论，2019，31（5）：175 - 190.

④ Wang C J, Wu L Y. Team member commitments and start - up competitiveness [J]. Journal of Business Research, 2012, 65（5）：708 - 715.

⑤ 张秀娥，孙中博，王冰.创业团队异质性对创业绩效的影响——基于对七省市 264 家创业企业的调研分析 [J].华东经济管理，2013（7）：112 - 115.

⑥ 朱仁宏，周琦，伍兆祥.创业团队契约治理真能促进新创企业绩效吗——一个有调节的中介模型 [J].南开管理评论，2018，21（5）：30 - 40.

⑦ Li H, Zhang Y. The role of managers' political networking and functional experience in new venture performance：Evidence from China's transition economy [J]. Strategic Management Journal, 2007, 28（8）：791 - 804.

业绩效正相关。由于大部分新创企业处于资源匮乏的状态，资源拼凑被一些学者证明是解决资源不足问题的有效方法。Halme 和 Korpela（2014）① 以 13 家北欧新创中小企业的经验数据为基础，研究结果表明，新创中小企业可以通过合理的资源组合激发创新从而获得可持续成长。祝振铎和李非（2014）② 利用 212 家新创企业的调研数据进行实证研究，将新创企业划分为初创和早期成长两个阶段，结果表明，资源拼凑对上述两个阶段新创企业的财务表现都起到了积极作用，但从成长绩效上来看，拼凑仅仅对初创阶段的新创企业有促进作用。资源策略也会影响企业把握机会的能力，如赵兴庐和张建琦（2016）③ 探索了不同拼凑方式（要素、制度和顾客）对机会识别能力的作用，以 349 个新创企业为研究对象，从能力建构的视角论证，实证检验结果表明，顾客拼凑以及制度拼凑能够显著提升机会识别能力，进而帮助新创企业获得好的市场表现。

2.2.3.3 创业战略视角

在不同的企业战略导向研究中，创业导向所起的影响受到了格外的关注。Wang 等（2017）④ 研究了新创企业合法性对创业导向与绩效关系的调节作用，通过对 149 家新创企业调查表明，在企业的认知合法性、规制合法性以及规范合法性都比较高的时候，创业导向对创业绩效的促进作用更加明显。蔡莉等（2010）⑤ 探讨市场导向战略与新创企业成长的关系，以 192 家新创企业作为调查对象，研究发现，一方面，实施市场导向战略的新创企业更容易满足顾客的需求，从而占领市场并对新创业企业绩效具有直接的提升作用；另一方面，市场导向战略可以促进企业采用开拓创造和稳定调整两种资源整合方式，从而间接地提升新创企业绩效。于晓宇和蔡莉（2013）⑥ 基于 177 家高科技创业企业的实证研

---

① Halme M, Korpela M. Responsible innovation toward sustainable development in small and medium – sized enterprises: A resource perspective [J]. Business Strategy and the Environment, 2014, 23（8）: 547 – 566.

② 祝振铎，李非. 创业拼凑对新企业绩效的动态影响——基于中国转型经济的证据 [J]. 科学学与科学技术管理，2014, 35（10）: 124 – 132.

③ 赵兴庐，张建琦. 资源拼凑与企业绩效——组织结构和文化的权变影响 [J]. 经济管理，2016, 38（5）: 165 – 175.

④ Wang D, Guo H, Liu L. One goal, two paths: How managerial ties impact business model innovation in a transition economy [J]. Journal of Organizational Change Management, 2017, 30（5）: 779 – 796.

⑤ 蔡莉，单标安，周立媛. 新创企业市场导向对绩效的影响——资源整合的中介作用 [J]. 中国工业经济，2010（11）: 77 – 86.

⑥ 于晓宇，蔡莉. 失败学习行为、战略决策与创业企业创新绩效 [J] 管理科学学报，2013, 16（12）: 37 – 56.

究，发现战略决策正向影响新创企业的创新绩效。

区别于传统的企业战略，对于新创企业来说，企业仅仅依靠自身的资源和能力往往很难获得竞争优势，因此，有学者提出企业应该主动与其他企业结成联盟网络。在网络的协调机制作用下，企业可以快捷地获取所需的资源，使资源配置的效率大大提高，通过企业网络获得成长机会成为企业新的选择。Gronum 等（2012）① 基于 1435 家新创中小企业的纵向数据，研究发现异质的企业网络联系能够促进中小企业的创新和成长。彭伟和符正平（2014）② 基于 189 家中国新创企业，探究联盟网络与新创企业成长之间的关系，研究发现联盟网络关系强度及中心性位置对其成长绩效具有显著的正向影响。

2.2.3.4　外部环境视角

任何企业都是在一定的外部环境中进行运作的，对新创企业来讲，环境的影响作用则更为突出。现有研究关注不同类型的外部环境的作用，如政府政策、行业环境等。Robinson（1999）③ 以 199 家公开上市的新创企业作为调查对象，实证探讨了新创企业所在的行业所处的循环阶段、行业的集中度、进入壁垒以及产品的差异化对新创企业绩效的影响。Colombo 等（2011）④ 以 247 家意大利的高新技术行业的新创企业作为调查对象，研究发现政府资助有助于新创企业的生存和发展。Gangi 和 Timan（2013）⑤ 收集了 236 名苏丹国家级企业家的数据，研究发现不利的政府政策、社会机构负向影响新创企业的成长。文亮等（2011）⑥ 基于 182 家新创中小企业的调查研究发现，中小企业创业环境与创业绩效正相关，并且创业环境的不同维度对创业绩效的作用呈现差异。

随着外部环境的不断变化，新创企业要不断打破原有的组织边界，利用外部

① Gronum S, Verreynne M L, Kastelle T. The role of networks in small and medium – sized enterprise innovation and firm performance ［J］. Journal of Small Business Management, 2012, 50（2）: 257 – 282.

② 彭伟, 符正平. 权变视角下联盟网络与新创企业成长关系研究 ［J］. 管理学报, 2014, 11（5）: 659 – 668.

③ Robinson K C. An examination of the influence of industry structure on eight alternative measures of new venture performance for high potential independent new ventures ［J］. Journal of Business Venturing, 1999, 14（2）: 165 – 187.

④ Colombo M G, Grilli L, Murtinu S. R&D subsidies and the performance of high – tech start – ups ［J］. Economics Letters, 2011, 112（1）: 97 – 99.

⑤ Gangi Y A, Timan E. An empirical investigation of entrepreneurial environment in Sudan ［J］. World Journal of Entrepreneurship, Management and Sustainable Development, 2013, 9（3）: 168 – 177.

⑥ 文亮, 刘炼春, 李海珍. 中小企业创业者能力与创业绩效关系的实证研究 ［J］. 系统工程, 2011, 29（11）: 78 – 83.

环境中的创新知识，通过内部组织过程进行有效整合，转化为创新成果从而创造价值[①]。郭海和韩佳平（2019）[②] 以 285 家数字化新创企业为样本，研究结果表明，在数字化情境下，创新开放深度对新创企业成长绩效具有正向影响。

2.2.4 新创企业成长研究述评

综合上述研究，目前学术界对新创企业成长的研究主要集中在新创企业绩效的评价指标体系和影响因素两个方面上。对新创企业评价体系的研究主要有单指标和多指标、财务指标和非财务指标、主观指标和客观指标等不同的测量方法，而对新创企业绩效的影响因素的实证研究则主要集中在创业者或创业团队特质、新创企业所拥有的资源、战略选择和新创企业所处的外部环境等方面上。

虽然目前学界对新创企业成长已有较为丰富的理论和实证研究，但该领域仍然存在一些不足亟待改进。第一，学者们对新创企业的界定尚未达成统一认识，中国的新创企业从诞生时起就具有中国的时代背景特征，因此，对中国情境下的新创企业进行合理界定直接影响着后续的研究。第二，已有研究多采用国外的量表，鲜有基于中国情境的新创企业成长测量的量表，这对本土化实证研究的开展有所限制。第三，梳理文献不难发现，影响新创企业成长的各因素之间并非相互独立的，它们之间也会产生相互的影响，这种交互关系对新创企业绩效是否存在影响？若有，影响机制如何？这些问题都还需要进一步的研究。

2.3 双元创业学习文献回顾与述评

2.3.1 创业学习的内涵

全球创业观察（GEM）研究数据显示，我国创业活动活跃度虽然位居前列，但与之形成鲜明对照的是居高不下的创业失败率。市场、技术、管理等方面经验

---

① Chesbrough, Henry, Wim Vanhaverbeke, et al. Open innovation: Researching a new paradigm [M]. Oxford University Press on Demand, 2006.

② 郭海，韩佳平. 数字化情境下开放式创新对新创企业成长的影响：商业模式创新的中介作用 [J]. 管理评论, 2019, 31 (6): 186-198.

的不足制约着创业企业的成长与发展。创业学习可以增强风险的抵御能力和对不确定的容忍程度①，其对创业企业的重要性越来越受到学术界的重视，成为创业研究的重要组成部分②。2005 年，*Entrepreneurship Theory and Practice* 曾发表专刊对创业学习这一主题进行了深入探讨，极大地推动了创业学习的研究。然而，由于创业学习涉及心理学、管理学和社会学等多个学科领域，学者们对其概念的侧重点各不相同，学术界尚未形成一致性的定义。学者们主要从经验学习、认知学习、动态演化三个角度界定创业学习的概念③，如表 2 - 10 所示。

表 2 - 10　创业学习的内涵

研究角度	作者（年份）	定义
经验学习	Sullivan（2000）④	创业学习是不断从失误中获得经验与动力
	Rae 和 Carswell（2001）⑤	创业学习是一种对经验的理解过程
	张龙和刘洪（2003）⑥	创业学习是一种基于过去经验的反思
	Sardana 和 Scott - Kemmis（2010）⑦	创业学习是创业者通过直接经验和间接经验对技能和能力的开发过程
认知学习	Rae（2000）⑧	创业学习是学习以创业的方式工作，在这个过程中知、行、意是相互联系的
	Mitchell 等（2007）⑨	创业学习是在创业过程使用内心的认知、选择和决策的过程

---

① 蔡莉，单标安 . 中国情境下的创业研究：回顾与展望 [J] . 管理世界，2013（12）：166 - 175.

② 倪宁，王重鸣 . 创业学习研究领域的反思 [J] . 科研管理，2005，26（6）：94 - 98.

③ 丁桂凤，李永耀，郑振宇 . 创业学习的概念、特征和模型 [J] . 心理研究，2009，2（3）：69 - 73.

④ Sullivan P H. Value driven intellectual capital: How to convert intangible corporate assets into market value [M] . John Wiley & Sons, Inc. , 2000.

⑤ Rae D, Carswell M. Towards a conceptual understanding of entrepreneurial learning [J] . Journal of Small Business and Enterprise Development, 2001, 8（2）：150 - 158.

⑥ 张龙，刘洪 . 企业吸收能力影响因素研究述评 [J] . 生产力研究，2003（3）：292 - 294.

⑦ Sardana D, Scott - Kemmis D. Who learns what? A study based on entrepreneurs from biotechnology new ventures [J] . Journal of Small Business Management, 2010, 48（3）：441 - 468.

⑧ Rae D. Understanding entrepreneurial learning: A question of how? [J] . International Journal of Entrepreneurial Behavior & Research, 2000, 6（3）：145 - 159.

⑨ Mitchell R K, Busenitz L W, Bird B, et al. The central question in entrepreneurial cognition research [J] . Entr - epreneurship Theory and Practice, 2007, 31（1）：1 - 27.

研究角度	作者（年份）	定义
认知学习	Westhead 等（2011）①	创业学习是人们获取、吸收和组织新知识并与先前已有的知识结构相结合的过程
	张秀娥和赵敏慧（2017）②	创业学习是不断吸收外部知识，从而合理地探索及利用机会，增加创业资源的过程
动态演化	Minniti 和 Bygrave（2001）③	"信息加工—尝试错误—更新决策模式—提高绩效"的过程
	Politis（2005）④	"职业经验—探索与利用—转化创业知识—认知机会—适应新方法"的过程
	丁岳枫（2006）⑤	创业学习可以分为探索性和开发式两种学习类型，随企业发展阶段的不同，创业学习表现不同的特征
	张红和葛宝山（2016）	创业者获得知识并将其应用到创业实践中的社会过程

2.3.1.1　经验学习的角度

创业学习是指从经验中学习并提高自身知识水平的过程。在创业过程中，许多知识都是隐性的，如洞察力、直觉、感悟、团队的默契和组织文化等。这些非正式的、难以表达的技能、经验和诀窍需要通过经验的积累进行学习。

2.3.1.2　认知学习的角度

创业学习是创业者从他人的行为或者行动中获得有价值的信息，加以消化、

① Westhead Paul，Mike Wright，Gerard McElwee. Entrepreneurship：Perspectives and cases［M］. Financial Times Prentice Hall，2011.

② 张秀娥，赵敏慧. 创业学习、创业能力与创业成功间关系研究回顾与展望［J］. 经济管理，2017，39（6）：194－208.

③ Minniti M，Bygrave W. A dynamic model of entrepreneurial learning［J］. Entrepreneurship Theory and Practice，2001，25（3）：5－16.

④ Diamanto Politis. The process of entrepreneurial learning：A conceptual framework［J］. Entrepreneurship Theory & Practice，2005，29（4）：399－424.

⑤ 丁岳枫. 创业组织学习与创业绩效关系研究［D］. 浙江：浙江大学，2006.

吸收，结构化为个体的记忆过程，包括信息的获取、处理和总结①。认知的获得并不是通过练习与强化形成的习惯而是主动地通过内部构造、顿悟与理解获得的。

2.3.1.3 动态演化的角度

创业学习是由一系列动态过程所组成的。这个动态过程强调学习是一个不断从知识到行为积累的过程，具有路径依赖性②。张红和葛宝山（2016）③认为创业学习是创业者获得知识并将其应用到创业实践中的过程。

综上所述，尽管国内外很多学者都对创业学习做了界定，但都只是从单一的视角对创业学习做出的界定，缺乏多视角的整合（丁桂凤，2009）。事实上，经验学习、认知学习和动态学习本身并不是独立的，它们都包括了解（Knowing）、行动（Doing）和理解（Understanding）等一系列过程④。

2.3.2 双元创业学习的内涵

双元起源于拉丁词"Ambidexer"（两面讨好），在传统的阴阳哲学观点中，"双元"既是相互对立、互不兼容的矛盾体，也是相互依赖的统一体。20世纪70年代，在不断变化的环境中组织对于如何利用资源陷入左右为难的境地。Duncan（1976）最早提出了组织应该同时具备探索性创新和利用性创新，并把具备这两种能力的组织形象地称为"双元性组织"。March（2006）⑤在组织学习的背景下提出"利用性学习"和"探索性学习"两种不同的学习方式，并引起学术界对组织双元性这一主题广泛的讨论和关注。自此以后，围绕"双元"的研究大量涌现，涉及组织学习、技术创新、组织设计、战略管理等多个领域。

① Holcomb T R, Ireland R D, Holmes Jr R M, et al. Architecture of entrepreneurial learning: Exploring the link among heuristics, knowledge, and action [J]. Entrepreneurship Theory and Practice, 2009, 33 (1): 167 – 192.

② Allan G. In pursuit of a new enterprise and entrepreneurship paradigm for learning: Creative destruction, new values, new ways of doing things and new combination of knowledge [J]. International Journal of Management Reviews, 2002, 4 (3): 233 – 269.

③ 张红，葛宝山. 创业学习，机会识别与商业模式——基于珠海众能的纵向案例研究 [J]. 科学学与科学技术管理, 2016, 37 (6): 123 – 136.

④ 单标安，蔡莉，鲁喜凤，等. 创业学习的内涵，维度及其测量 [J]. 科学学研究, 2014, 32 (12): 1867 – 1875.

⑤ March J G. Rationality, foolishness, and adaptive intelligence [J]. Strategic Management Journal, 2006, 27 (3): 201 – 214.

创业学习是组织学习和创业领域的交叉主题，存在巨大的潜在研究空间①。创业企业由于具有新而小的天生劣势，所以必须更加高效地进行创业学习以快速捕捉和开发市场机会②。然而创业学习失败的例子屡见不鲜，如何进行有效的创业学习成为大多数企业所面临的难题。随着双元性理论在组织学习研究领域的深入研究，Politis（2005）首次将双元性理论引入创业学习领域并根据经验转化成知识的不同方式，将学习分为探索式创业学习和利用式创业学习，双元创业学习应运而生。

虽然双元创业学习的研究引起了学术界的兴趣和积极参与，但目前关于双元创业学习的文献数量较少，关于双元创业学习的探讨仍处于发展初期。综观既有文献，学者们对双元创业学习的内涵界定多借鉴创业学习和组织学习的相关理论，还未形成统一结论。本书将不同学者对双元创业学习的内涵进行总结归纳，如表2-11所示。

表2-11 双元创业学习的内涵

作者（年份）	探索式创业学习定义	利用式创业学习定义
杨隽萍等（2013）	一种追求新知识，并以创新和偏好风险为主要特征的学习方式	一种对已有知识和能力的精练和挖掘，是规避风险为主要特征的学习方式
赵文红和孙万清（2013）	新创企业在面对的新技术和新市场信息挑战时进行研究与学习	新创企业对前期处理由经验解决的技术、市场等信息进行学习
朱秀梅等（2014）	新创企业在组织边界外积极地探索和获取新知识与新技术	新企业对已有创业知识的扩散、共享和利用
林琳和陈万明（2016）	通过搜索、试验、创新的方式进行的学习行为，以获取新颖、多样、非冗余的知识为目标，是一种"追求新知"的方式	对新创企业目前现有的知识和能力实施深入精练和挖掘的过程，其目标是推进现有产品、运作方式的确定性、常规性以及相关性发展
孙元媛（2018）	学习研究那些还未被验证解决的全新的技术和市场信息	学习那些已经由先前经验解决验证过的市场、技术等方面的信息

① Harrison R T, Leitch C M. Entrepreneurial learning: Researching the interface between learning and the entre - preneurial context [J]. Entrepreneurship Theory Practice, 2005, 29（4）: 351 - 371.

② 朱秀梅，孔祥茜，鲍明旭. 学习导向与新企业竞争优势：双元创业学习的中介作用研究 [J]. 研究与发展管理，2014（2）: 9 - 16.

总的来说，虽然目前学界对双元创业学习仍未形成统一的认识，但是根据不同学者的定义可以总结出：探索式创业学习是通过搜索、试验和创新等方式学习那些未被验证过的、新的知识和能力；利用式创业学习是通过深入、精练和挖掘等方式学习已经由先前经验验证过的市场、技术等信息。

2.3.3　双元创业学习的测量

由于双元创业学习处于概念探讨阶段，实证研究目前仍缺乏成熟的测量体系。现有实证研究大多数借鉴蒋春燕等（2006）[①]、Marvel 等（2007）[②]、Atuahene - Gima（2007）[③] 和 Su 等（2011）[④] 的量表。这为本书借助于已有的文献来系统分析双元创业学习的测度提供理论依据。

部分学者借鉴 Su 等（2011）的量表探讨创业研究框架中的技能、机会、资源等变量。在双元创业学习的测量中，赵文红等（2013）[⑤]、朱秀梅等（2014）和彭伟等（2018）[⑥] 主要针对创业知识和技能的提升、创业机会的识别和开发、创业资源的获取等分别对利用式创业学习和探索式创业学习进行测量。利用式创业学习：在过去的 3 年中，升级熟悉产品和技术领域已有的创业知识和技能（A1），加强已有技术的能力从而提高开发效率（A2），提高已有创业资源的利用率（A3），在拥有经验的产品开发过程中进一步提升创业技能（A4），积累创业知识和经验以提高创业活动的效率（A5）；探索式创业学习：获得全新的创业知识和技能（B1），获得全新的产品开发技术或开发过程来开发新创业机会（B2），运用全新管理和组织技能获得创业机会（B3），学习新技术、研发职能配置、研发和工程人员培训及开发等领域的新知识和技能整合创业资源（B4），获

① 蒋春燕，赵曙明. 社会资本和公司企业家精神与绩效的关系：组织学习的中介作用——江苏与广东新兴企业的实证研究 ［J］. 管理世界，2006（10）：90 - 99 + 171 - 172.

② Marvel M R，Lumpkin G T. Technology entrepreneurs' humancapital and its effects on innovation radicalness ［J］. Entrepreneurship Theory and Practice，2007，31（6）：807 - 828.

③ Atuahene - Gima K，Murray J Y. Exploratory and exploitative learning in new product development：A social capital perspective on new technology ventures in China ［J］. Journal of International Marketing，2007，15（2）：1 - 29.

④ Su Z F，Li J Y，Yang Z P，et al. Exploratory learning and exploitative learning in different organizational structures ［J］. Asia Pacific Journal of Management，2011，28（4）：697 - 714.

⑤ 赵文红，孙万清，王垚. 创业者社会网络，市场信息对新企业绩效的影响研究 ［J］. 科学学研究，2013，31（8）：1216 - 1223.

⑥ 彭伟，金丹丹，符正平. 双重网络嵌入、双元创业学习与海归创业企业成长关系研究 ［J］. 管理评论，2018，30（12）：63 - 75.

得对行业而言全新的创业知识和技能（B5）。

也有部分学者借鉴蒋春燕等（2006）、Marvel 等（2007）[1] 和 Atuahene – Gima（2007）的量表对双元创业学习进行测量。杨隽萍等（2013）[2] 和孙元媛（2018）[3] 针对新创企业对不同的市场领域、产品信息的搜寻、知识的积累和涉入程度来测量利用式创业学习和探索式创业学习的情况。利用式创业学习：更倾向于在目前从事的领域搜寻市场/产品信息（A1），更重视搜寻当前进入或熟悉领域的信息，积累有效解决当前市场/产品问题的方法（A2），更倾向于对已有的知识精练和挖掘（A3）；探索式创业学习：更倾向于不断寻求新领域的市场/产品信息（B1），更重视寻求有待实验的新领域的信息，寻求使企业进入风险不确定的新领域的产品/市场的方法（B2），更倾向于对全新的知识的学习和掌握（B3）。

双元创业学习属于交叉学科研究问题，不同学者的观点与研究视角存在一定的差异，相关理论基础尚未完善，在开发相应的测量题项时仅仅依靠已有文献或理论基础难以反映出双元创业学习的本质特征。因此，在提炼已有相关文献内容的基础上，未来应进一步通过质性分析方法开发出更加可靠的双元创业学习量表。

2.3.4 双元创业学习的相关实证研究

随着双元创业学习理论研究的不断深入，其实证研究成果也逐渐丰富。目前关于双元创业学习的实证研究主要可以归纳为以下两个方面：

一是双元创业学习的前因变量研究。回顾国内相关文献发现，双元创业学习的前因变量研究取得了一定的进展。赵文红和孙万清（2013）在研究先前经验对双元创业学习的作用时，发现行业经验与利用式创业学习之间有显著的正相关关系，与探索式创业学习之间有显著的负相关关系。杨隽萍等（2013）的研究表明，以情感和信任为基础的非正式网络由于获得更多可靠信息有助于推动利用式创业学习的实施，基于商务交往和利益关系的正式网络中所蕴含的大量异质性信

① Marvel M R, Lumpkin G T. Technology entrepreneurs' humancapital and its effects on innovation radicalness [J]. Entrepreneurship Theory and Practice, 2007, 31（6）：807 – 828.

② 杨隽萍，唐鲁滨，于晓宇. 创业网络、创业学习与新创企业成长 [J]. 管理评论，2013，25（1）：24 – 33.

③ 孙元媛. 双元创业学习、创业拼凑对新企业生存绩效的影响研究 [D]. 武汉：武汉工程大学，2018.

息有利于提高探索式创业学习能力。此外，还有学者探讨学习导向能够推动双元创业学习（朱秀梅等，2014）。除了学习导向，国内学者还从创业导向的角度来分析其对双元创业学习的影响。比如林琳和陈万明（2016）① 发现，新创企业只有在先动性、创新性和风险承担性都较强时，才会倾向选择探索式创业学习，如果新创企业的风险承担性较弱，则会更倾向于利用式创业学习。

二是双元创业学习的后果变量研究。双元创业学习对新创企业的绩效影响是国内学者关注的重要议题之一。赵文红和孙万清（2013）基于西安创业研发园的154 家新创企业创业者的调研数据，探讨研究双元创业学习对新创企业绩效的影响，结果发现，双元创业学习与新创企业的创业绩效存在倒 U 型关系。林琳和陈万明（2016）对山东青岛、济南、淄博三地以及江苏南京的新创企业进行调研发现，探索式创业学习由于具有较大的风险性不利于新创企业的短期绩效，在创业初期应采用利用式创业学习充分发挥企业自身优势。孙元媛（2018）的研究表明双元创业学习对新企业生存绩效有正向影响。除了探讨双元创业学习对新创企业绩效的作用之外，国内学者对新创企业的竞争优势和成长等问题给予了关注，比如朱秀梅等（2014）基于中国 403 个企业的问卷调查数据进行实证分析结果发现，双元创业学习可以增强企业的竞争优势。杨隽萍等（2013）通过实证研究发现探索式与利用式创业学习均对新创企业的成长产生了积极的促进作用，以创新为特征的探索式创业学习方式更有利于提高新创企业的成长绩效。彭伟等（2018）进一步将研究拓展至海归创业情境，以苏南地区 8 家国家级留创园内227 家海归创业企业为研究样本，实证研究发现双元创业学习能有效提升海归创业企业成长。

在以上实证研究总结基础上，本章整合相关双元创业学习研究的变量，形成整体的理论框架，如图 2 – 2 所示。

2.3.5 双元创业学习的研究述评

双元创业学习作为创业学习和双元理论的交叉主题，为学术界提供了一个新创企业如何在高度动态的环境中进行有效创业学习的全新研究视角。本节首先阐述了创业学习及双元创业学习的内涵；然后评介了双元创业学习的测量量表；最

---

① 林琳，陈万明. 创业导向，双元创业学习与新创企业绩效关系研究［J］. 经济问题探索，2016（2）：63 – 70.

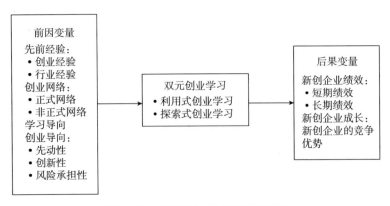

图 2 - 2　双元创业学习的研究框架

后系统归纳了双元创业学习的前因变量和后果变量的实证研究。作为新兴主题，双元创业学习研究还存在着一些有待深入探讨的空间。第一，创业学习的模式是随着企业的阶段、外部环境等因素动态变化的，虽然已有的实证研究样本具有一定的代表性，但多为静态数据，不能很好地解释双元创业学习的动态特征。在未来研究中应注重对动态数据的收集，进而开展双元创业学习的动态演化研究。第二，现有双元创业学习的实证研究大多采用主观量表的方式进行测量，未来需要收集更多的客观数据，对相关研究结论做进一步验证。第三，考虑到学习导向、创业导向、先前经验等多方面因素的影响，未来需要构建更加全面的研究模型进行深入研究。

2.4　组织冗余文献回顾与述评

2.4.1　组织冗余的内涵

对组织冗余的探讨最早可以追溯到 20 世纪 30 年代，Barnard 提到了冗余在吸纳组织成员和维持成员间关系的作用，但并未明确使用这一词语。直到 1958 年，March 和 Simon①才在其著作中明确提出"冗余"的概念。随后，学者们围

———————
① March J, Simon H. Organizations ［M］. Wiley：New York，1958.

绕组织冗余的内涵进行了探讨。

Cyert 和 March（1963）① 率先对组织冗余进行了界定，将其定义为组织内可利用的资源与维持组织正常运作所需资源之间的差额。同样，Cohen 等（1972）② 学者也提出组织冗余是组织现有的资源超过实际所需资源的部分。Bourgeois（1981）③ 在系统总结组织冗余内涵的基础上，将其界定为一种潜在的或用于应对公司内外部环境变化的资源缓冲物，能够使企业发起变革以更好地应对外界环境变化。Greenley 和 Oktemgil（1998）④ 也认为组织冗余是尚未被组织使用的，有利于企业对外界环境变化做出应对的资源。此外，Simsek 等（2007）⑤ 认为组织冗余是企业管理层能够灵活支配的，可以超过企业现实活动所需的资源。

国内一些学者立足于中国组织情境，对组织冗余的内涵进行了理论探讨。例如，方润生等（2009）⑥ 认为组织冗余是给定的水平产出下，企业满足正常经营业务需求后能够利用的资源存积和价值潜力。于飞和刘明霞（2014）⑦ 基于组织演化理论，将组织冗余定义为企业应对动态环境变化冲击，用于创新和实施新战略、超出组织实际需要并且可以随时利用的资源。此外，刘星和金占明（2017）⑧ 则将组织冗余概括为企业尚未最大化开发的资源与能力。

回顾相关文献，虽然学者们已经就组织冗余的内涵进行了探讨，但国内外学者对此尚未达成共识，如表 2 - 12 所示。尽管学者们在各自的研究中对组织冗余有不同的论述，但是大多数定义中都涉及"资源""缓冲"等，表明组织冗余是企业当前所拥有的富余资源。这种富余资源具备两种特性，即可利用性和可

① Cyert R M, March J. A behavioral theory of the firm［M］. Englewood Cliffs：Prentice Hall, 1963.

② Cohen M D, March J G, Olsen J P. A garbage can model of organizational choice［J］. Administrative Science Quarterly, 1972, 17（1）：1 - 25.

③ Bourgeois L J. On the Measurement of organizational slack［J］. Academy of Management Review, 1981, 6（1）：29 - 39.

④ Greenley G E, Oktemgil M. A comparison of slack resources in high and low performing British companies［J］. Journal of Management Studies, 1998, 35（3）：377 - 398.

⑤ Simsek Z, Veiga J F, Lubatkin M H. The impact of managerial environmental perceptions on corporate entrepreneurship：Towards understanding discretionary slack's pivotal role［J］. Journal of Management Studies, 2007, 44（8）：1398 - 1424.

⑥ 方润生, 陆振华, 王长林, 等. 不同类型冗余资源的来源及其特征：基于决策方式视角的实证分析［J］. 预测, 2009, 28（5）：61 - 66.

⑦ 于飞, 刘明霞. 组织演化理论视角下的股权结构与子公司生存——环境突变、冗余资源的调节作用［J］. 中国管理科学, 2014, 22（5）：138 - 148.

⑧ 刘星, 金占明. 国外组织冗余研究进展评述和矩阵式冗余分类［J］. 技术经济, 2017, 36（11）：49 - 54.

缺性。具体来说，可利用性是指企业用富余资源创造价值，增加企业效益，增强企业竞争力；可缺性表明组织冗余是一种不会强烈影响企业竞争力并且尚未被利用的资源。总的来说，组织冗余是企业可利用的，超出企业实际运行过程所需的和已经进入企业组织流程中的资源，能够促进企业创新并提高企业绩效。

表 2 - 12　组织冗余的内涵

作者（年份）	定义
Cyert 和 March（1963）	组织内可利用的资源与维持组织正常运作所需资源之间的差额
Child（1972）①	组织内的超额利润或盈余，能够使管理者采取与他们的偏好相一致的结构性调整
Cohen 等（1972）	组织现有的资源超过实际所需资源的部分
Dimick 和 Murray（1978）②	组织获得的、尚未投入到企业运营中、可自由利用的资源
Bourgeois（1981）	一种潜在的或用于应对公司内外部环境变化的资源缓冲物，使组织能够在内外部压力下主动发起战略变革
Nohria 和 Gulati（1996）③	企业在给定产出下，最低必须投入之外的资源存积，如多余的人员、能增加企业产出的机会、尚未使用的资本等
Greenley 和 Oktemgil（1998）	尚未被组织使用的，有利于企业对外界环境变化做出应对的资源
Simsek 等（2007）	企业管理层能够灵活支配的，超过企业现实活动所需的资源
方润生等（2009）	给定水平产出下，企业满足正常经营业务需求以后可利用的资源存积和价值潜力
于飞和刘明霞（2014）	企业应对动态环境变化冲击，用于创新和实施新战略、超出实际需要并且可以随时利用的资源
刘星和金占明（2017）	企业尚未最大化利用的资源与能力

① Child J. Organizational structure, environment and performance: The role of strategic choice ［J］. Sociology, 1972, 6（1）: 1 - 22.

② Dimick D E, Murray V V. Correlates of substantive policy decisions in organizations: The case of human resource management ［J］. Academy of Management Journal, 1978, 21（4）: 611 - 623.

③ Nohria N, Gulati R. Is slack good or bad for innovation? ［J］. Academy of Management Journal, 1996, 39（5）: 1245 - 1264.

2.4.2　组织冗余的维度与测量

目前，关于组织冗余维度划分的研究较多，以下就组织冗余的主要结构维度进行了回顾，如表 2 - 13 所示。

表 2 - 13　组织冗余的维度

维度	作者（年份）	内容
二维度	Singh（1986）	已吸收冗余、未吸收冗余
	Sharfman 等（1988）	沉淀性冗余、非沉淀性冗余
	Greenley 和 Oktemgil（1998）	产生的冗余、投入的冗余
	Tseng 等（2007）	外部生成的冗余、内部生成的冗余
	戴维奇（2012）	人力冗余、财务冗余
三维度	Bourgeois 和 Singh（1983）	可利用的冗余、可恢复冗余、潜在的冗余
四维度	Voss 等（2008）	财务资源冗余、运作冗余、客户关系冗余、人力资源冗余
	吴航（2017）	财务冗余、人力资源冗余、运营冗余、关系冗余
	刘星和金占明（2017）	可利用的冗余、未吸收冗余；可恢复冗余、已吸收冗余；受外部利益相关者监督的冗余；非预期冗余

　　基于 Bourgeois（1981）对组织冗余的定义，Bourgeois 和 Singh（1983）[①] 将组织冗余分为可利用冗余、可恢复冗余和潜在冗余。在此基础上，Singh（1986）[②] 根据是否被企业经营管理活动吸收，将组织冗余分为已吸收冗余和未吸收冗余两个维度。已吸收冗余类似于可恢复冗余，未吸收冗余与可利用冗余、潜在冗余相似。此后，Sharfman 等（1988）[③] 发现组织冗余是对管理层可见的和可利用的、用于保护企业免受内外部压力的资源，并由此将组织冗余分为沉淀性冗余和非沉淀性冗余。其中，已吸收冗余、可恢复冗余都属于沉淀性冗余，未吸

---

①　Bourgeois L J, Singh J V. Organizational slack and political behavior within top management groups ［J］. Academy of Management Proceedings, 1983 (43)：43 - 49.

②　Singh J V. Performance, slack, and risk taking in organizational decision making ［J］. Academy of Management Journal, 1986, 29 (3)：562 - 585.

③　Sharfman M P, Wolf G, Chase R B, et al. Antecedents of organizational slack ［J］. Academy of Management Review, 1988, 13 (4)：601 - 614.

收冗余、可利用冗余、潜在冗余属于非沉淀性冗余。此外，Tseng 等（2007）①
认为财务资源是企业得以发展的重要因素，企业须使其国际化进程和不同财务资源提供方的期望相一致。根据资源源于内部投资还是外部资本市场，Tseng 等（2007）将组织冗余划分为内部生成的冗余和外部生成的冗余。综上所述，刘星和金占明（2017）在梳理现有文献的基础上，综合 Sharfman（1988）和 Tseng 等（2007）的分类方法，提炼出了组织冗余的二维矩阵，并将组织冗余划分为四个维度。

针对组织冗余促进企业成长和阻碍企业发展的两种观点，Voss 等（2008）②
认为企业资源的稀缺性和吸收性能够影响管理层动机并且突破结构性限制，并依据资源稀缺性和吸收程度将组织冗余划分为财务资源冗余、运作冗余、客户关系冗余、人力资源冗余四个维度。同样，国内学者吴航（2017）③ 也是通过对组织冗余进行稀缺性和吸收性的分析，将其划分为财务冗余、人力资源冗余、运营冗余、关系冗余四个维度。戴维奇（2012）④ 针对组织冗余对企业成长的两种相反观点，认为不同类型的组织冗余对企业成长的影响不同，通过黏性和能动性把组织冗余分为财务冗余和人力冗余两个维度。

Bourgeois（1981）认为企业发展是资源匹配环境的过程。进一步地讲，Greenley 和 Oktemgil（1998）强调企业发展是企业适应当前环境和适应未来环境的过程。企业通过资源投入适应当前环境变化的过程，伴随着产生的冗余，而应对未来不确定性环境投入的资源会产生投入的冗余。

关于组织冗余的测量，目前主要存在客观指标测量法和主观指标测量法。由于企业财务数据的易获取性，大多数学者采用财务指标这种客观指标测量法对组织冗余进行衡量。以下就组织冗余的财务衡量指标进行了梳理，如表 2 - 14 所示。

① Tseng C H, Tansuhaj P, Hallagan W, et al. Effects of firm resources on growth in multinationality [J]. Journal of International Business Studies, 2007, 38（6）: 961 -974.

② Voss G B, Sirdeshmukh D, Voss Z G. The effects of slack resources and environmental threat on product exploration and exploitation [J]. Academy of Management Journal, 2008, 51（1）: 147 -164.

③ 吴航. 企业实施探索性与利用性国际化战略的组织冗余限制——基于稀缺性与吸收性的维度划分 [J]. 重庆大学学报（社会科学版），2017, 23（5）: 41 -50.

④ 戴维奇. 组织冗余、公司创业与成长：解析不同冗余的异质影响 [J]. 科学学与科学技术管理，2012, 33（6）: 156 -164.

表 2 - 14 组织冗余的财务衡量指标

作者（年份）	冗余指标
Singh（1986）	已吸收冗余（速动比率）、未吸收冗余（流动比率、销售成本费用率）
周国强和杨书阅（2018）[①]	已吸收冗余（销售期间费用率 - 行业中值）、未吸收冗余（流动比率 - 行业中值）
Greenley 和 Oktemgil（1998）	产生的冗余（现金/投资、息税前利润/利息费用、流动资产/流动负债等）、投入的冗余（管理费用/销售、销售/资产总额等）
Xu 等（2015）[②]	沉淀性冗余（存货/总资产）、非沉淀冗余（货币资金/总资产）
李晓翔和刘春林（2013）[③]	沉淀性冗余（标准化后的管理费用/销售收入 + 标准化后的销售费用/销售收入）、非沉淀性冗余（标准化后的流动比率 + 标准化后的资产负债率）
Bourgeois 和 Singh（1983）	可恢复冗余（间接费用/销售收入）、可利用冗余（现金流比率、速动比率、流动比率）、潜在冗余（债务筹资、股权筹资）
Bromiley（1991）[④]	可恢复冗余（销售、管理、运营费用/企业收入）、可利用冗余（流动比率）、潜在冗余（产权比率）
王艳等（2011）[⑤]	可恢复冗余（费用收入比）、可利用冗余（速动比率）、潜在冗余（权益负债比）
刘端等（2018）[⑥]	可利用冗余（流动比率）、潜在冗余（产权比率）

此外，也有学者试图通过主观指标测量法对组织冗余进行测度。例如，李剑力（2009）[⑦] 在研究中采用 7 个题项的量表对已吸收冗余和未吸收冗余进行测

---

① 周国强，杨书阅. 中小企业资源冗余与财务绩效的交互跨期影响［J］. 财会月刊，2018，32（12）：9 - 14.

② Xu E, Yang H, Quan J M, et al. Organizational slack and corporate social performance：Empirical evidence from China's public firms［J］. Asia Pacific Journal of Management, 2015, 32（1）：181 - 198.

③ 李晓翔，刘春林. 困难境况下组织冗余作用研究：兼谈市场搜索强度的调节作用［J］. 南开管理评论，2013，16（3）：140 - 148.

④ Bromiley P. Testing a causal model of corporate risk taking and performance［J］. Academy of Management Journal, 1991, 34（1）：37 - 59.

⑤ 王艳，贺新闻，梁莱歆. 不同产权性质下企业组织冗余与自主创新投入关系研究——来自中国上市公司的经验数据［J］. 科学学与科学技术管理，2011，32（7）：140 - 147.

⑥ 刘端，王雅帆，陈收. 财务冗余对企业竞争战略选择的影响——基于中国制造业全行业实证数据［J］. 系统管理学报，2018，27（1）：208 - 218.

⑦ 李剑力. 探索性创新、开发性创新与企业绩效关系研究——基于冗余资源调节效应的实证分析［J］. 科学学研究，2009，27（9）：1418 - 1427.

量。方润生和李雄诒（2005）① 进一步将已吸收冗余分为分散冗余和组合冗余，并且开发了 8 个题项的量表进行测量，具体如表 2 – 15、表 2 – 16 所示。

表 2 – 15　已吸收冗余和未吸收冗余的主观指标

变量	测量条目	文献来源
已吸收冗余	采用的工艺设备或技术比较先进，但没有被充分利用	李剑力（2009）
	拥有的专门人才相对比较多，还有一定的发掘潜力	
	企业目前的生产运营低于设计能力（或预定目标）	
未吸收冗余	企业内部有足够的财务资源可以用于自由支配	
	企业的留存收益（如未分配利润）足以支持市场扩张	
	企业拥有较多的潜在关系资源可以利用	
	企业能够在需要时获得银行贷款或其他金融机构资助	

表 2 – 16　分散冗余和组合冗余的主观指标

变量	测量条目	文献来源
分散冗余	引进的各种专门人才	方润生和李雄诒（2005）
	现有的人力资源	
	关系资源	
组合冗余	技术诀窍、专利以及新产品设计	
	引进的先进技术	
	引进的先进设备	
	引进的先进管理方法	
	现有的技术与设备和设施	

近年来，有国内学者对组织冗余重新进行了维度划分和测量，如戴维奇（2012）根据黏性和能动性将组织冗余划分为人力冗余和财务冗余，并设计了 5 个题项的量表进行测量，具体如表 2 – 17 所示。吴航（2017）根据资源的稀缺性和被吸收程度，将组织冗余划分为四个维度，并借鉴 Nohria 和 Gulati 的测量方法开发了 14 个题项的测量量表，具体如表 2 – 18 所示。

---

① 方润生，李雄诒. 组织冗余的利用对中国企业创新产出的影响［J］. 管理工程学报，2005，19（3）：15 – 20.

表2-17 财务冗余和人力冗余的主观指标

变量	测量条目	文献来源
财务冗余	企业的负债/资产	戴维奇（2012）
	企业有富余的现金流可供管理者支配	
	企业留存的利润能保证市场扩张或业务拓展的需要	
人力冗余	企业有富余的专业技术人员可从事新产品开发	
	企业有充裕的管理储备人才	

表2-18 财务冗余、关系冗余、运营冗余和人力资源冗余的主观指标

变量	测量条目	文献来源
财务冗余	企业留存收益减少为目前的90%对下年度的经营运作或产值影响的严重程度	吴航（2017）
	企业内部投资收益减少为目前的90%对下年度的经营运作或产值影响的严重程度	
	企业外部投资收益减少为目前的90%对下年度的经营运作或产值影响的严重程度	
关系冗余	与企业有密切联系的顾客减少为目前的90%对下年度的经营运作或产值影响的严重程度	
	与企业有密切联系的政府机构减少为目前的90%对下年度的经营运作或产值影响的严重程度	
	与企业有密切联系的中介机构减少为目前的90%对下年度的经营运作或产值影响的严重程度	
	与企业有密切联系的供应商减少为目前的90%对下年度的经营运作或产值影响的严重程度	
运营冗余	企业的机器设备减少为目前的90%对下年度的经营运作或产值影响的严重程度	
	企业的一线工人减少为目前的90%对下年度的经营运作或产值影响的严重程度	
	企业的原材料减少为目前的90%对下年度的经营运作或产值影响的严重程度	
人力资源冗余	企业的营销人员减少为目前的90%对下年度的经营运作或产值影响的严重程度	

变量	测量条目	文献来源
人力资源 冗余	企业的管理人员减少为目前的90%对下年度的经营运作或产值影响的严重程度	吴航（2017）
	企业的研发人员减少为目前的90%对下年度的经营运作或产值影响的严重程度	
	企业的生产人员减少为目前的90%对下年度的经营运作或产值影响的严重程度	

2.4.3　组织冗余的影响因素研究进展

现有研究大多聚集于组织冗余对企业的作用，并未对组织冗余的影响因素给予足够的关注。综观为数不多的相关研究，学者们主要从企业内部层面和外部层面探讨组织冗余的影响因素，内部因素包括企业年龄和管理者特征、企业经营绩效、企业战略选择三个方面，外部因素主要包括产品市场竞争、环境不确定性、网络强度等，如表2-19所示。

一方面，关于组织冗余的影响因素，现有研究大多聚焦于企业内部因素。首先，有学者认为企业年龄和管理者特征能够显著影响组织冗余。一般来说，企业年龄越大，沉淀性冗余资源越多；管理者的积极情感动机越强烈，组织冗余越少。如李晓翔和刘春林（2010）[1] 发现企业年龄正向影响沉淀性冗余。De 和 Bruggeman（2015）[2] 通过探讨管理者参与式战略规划对预算冗余的影响，发现管理者自主预算动机、管理者情感组织承诺均与预算冗余负相关。其次，有学者认为具有良好经营绩效的企业拥有更多的现金、原材料库存等非沉淀性冗余资源，能够更好地应对环境变化，如李晓翔和刘春林（2011）[3] 通过探讨组织冗余与企业绩效的关系，发现企业经营状况与非沉淀性冗余正相关。最后，有学者认

---

① 李晓翔，刘春林. 高流动性冗余资源还是低流动性冗余资源—— 一项关于组织冗余结构的经验研究［J］. 中国工业经济，2010（7）：94-103.

② De Baerdemaeker J, Bruggeman W. The impact of participation in strategic planning on managers' creation of budgetary slack: The mediating role of autonomous motivation and affective organisational commitment［J］. Management Accounting Research，2015（29）：1-12.

③ 李晓翔，刘春林. 冗余资源与企业绩效关系的情境研究——兼谈冗余资源的数量变化［J］. 南开管理评论，2011，14（3）：4-14.

表 2 - 19　组织冗余的影响因素研究文献整理

作者（年份）		前因变量	研究问题	研究样本	研究结论
李晓翔和刘春林 (2011)	内部因素	企业年龄、政治行为、企业风险、管理者平均年龄、绩效、企业周转率	探究组织冗余与什么因素相关	500 家制造业上市公司	企业年龄、政治行为、企业风险正向影响流动性冗余资源；管理者平均年龄、企业绩效、企业周转率正向影响高流动性冗余资源
De 和 Bruggeman (2015)		自主预算动机、情感组织承诺	考察管理者参与式战略规划对预算冗余的影响	247 名企业管理者	管理者自主预算动机和预算冗余负相关、管理者情感组织承诺和预算冗余负相关
李晓翔和刘春林 (2011)		企业经营状况	探讨组织冗余与企业绩效的关系	沪深交易所上市公司	企业经营状况与非沉淀性冗余正相关
李健等 (2018)①		良好期望绩效反馈效果	探究制造企业期望绩效反馈效果与组织冗余的关系	1545 家上市企业	制造业企业期望绩效反馈与非沉淀性冗余负相关，市场竞争和融资约束对发挥负向调节作用
李林杰和张晓慧 (2019)②		成本粘性	探究成本粘性、组织冗余和公司绩效的关系	沪深 A 股主板上市公司	成本粘性与组织冗余正相关
Dehning 等 (2004)③		IT 投资	探讨企业信息技术（IT）投资与组织冗余的关系	109 份科技投资公告	IT 投资会产生组织冗余
苏昕和刘昊龙 (2018)		多元化经营	探究组织冗余与多元化经营、研发投入的关系	509 家企业	相关多元化组织冗余正相关；非相关多元化组织冗余负相关
肖红军和李井林 (2018)④		外延式边界扩张	探究外延式边界扩张、组织冗余以及企业社会责任的关系	沪深股市上市公司	外延式边界扩张与非沉淀性冗余资源正相关

①　李健，潘镇，陈景仁. 制造业企业期望绩效反馈效果对组织冗余结构的影响及后果 [J]. 管理评论，2018，30（11）：198-208.
②　李林杰，张晓慧. 成本粘性、组织冗余与公司绩效 [J]. 财会通讯，2019（15）：59-62+67.
③　Dehning B, Dow K E, Stratopoulos T. Information technology and organizational slack [J]. International Journal of Accounting Information Systems, 2004, 5 (1): 51-63.
④　肖红军，李井林. 责任转嫁的动态检验：来自中国上市公司并购样本的经验证据 [J]. 管理世界，2018（7）：114-135.

续表

作者（年份）		前因变量	研究问题	研究样本	研究结论
Chen 等（2013）		企业间合作、职能协调	探讨组织冗余在企业协调机制和产品绩效间的作用	159 名企业高管	企业间合作与组织冗余正相关，职能协调与组织冗余正相关
陈景仁等（2015）	外部因素	产品市场竞争	探讨产品市场竞争对组织冗余的影响	1332 家上市企业	产品市场竞争负向影响非沉淀性冗余资源，融资约束程度发挥正向调节作用
王分棉和张鸿（2016）		环境不确定性	考察环境不确定性对组织冗余的关系	397 家制造业公司	环境包容性负向影响组织冗余，环境动态性正向影响组织冗余；高管特征正向调节环境不确定性与组织冗余间的关系
朱福林和黄艳（2019）		网络强度	探讨社会网络、组织冗余与创新的关系	200 家企业问卷	网络强度与未吸收冗余正相关

为企业不同的战略选择对组织冗余的影响不同，如苏昕和刘昊龙（2018）① 在研究中发现相关多元化和组织冗余正相关，非相关多元化和组织冗余负相关。

另一方面，关于组织冗余的影响因素，也有研究从企业外部因素进行探讨。如 Chen 等（2013）② 通过探讨组织冗余在企业协调机制和产品绩效间的作用，发现企业间合作与组织冗余正相关，职能协调与组织冗余正相关。王分棉和张鸿（2016）③ 的研究中发现环境包容性负向影响组织冗余，环境动态性正向影响组织冗余。朱福林和黄艳（2019）④ 通过探讨社会网络、组织冗余与创新的关系，发现网络强度与未吸收冗余正相关。

2.4.4　组织冗余的影响后果研究进展

从现有组织冗余的相关实证研究来看，大多数研究主要聚焦于组织冗余对企业创新、企业绩效以及企业多元化战略的影响上，如表 2 - 20 所示。

第一，关于组织冗余对企业绩效的影响，现有研究主要分为以下三类：一方面，组织理论学派的学者认为组织冗余是企业更好地应对环境变化的"缓冲器"，能够促进企业适应内外部环境变化，从而对企业绩效产生正向影响。如Chiu 和 Liaw（2009）⑤ 通过对 529 家高新技术企业的数据分析，发现组织冗余和企业绩效存在正相关关系。另一方面，代理理论学派的学者认为由于企业经理人和委托人目标不一致，经理人往往会利用信息不对称优势为自身谋利益，例如利用组织冗余过度消费，这会导致企业资源的浪费，从而对企业绩效产生不利影响。如李健和李晏墅（2013）⑥ 的研究发现组织冗余与企业绩效负相关，管理者两职兼任发挥负向调节作用。此外，还有学者认为组织冗余与企业绩效之间存在

①　苏昕，刘昊龙. 多元化经营对研发投入的影响机制研究——基于组织冗余的中介作用 ［J］. 科研管理，2018，39（1）：126 - 134.

②　Chen Y C, Li P C, Lin Y H. How inter - and intra - organisational coordination affect product development performance：The role of slack resources ［J］. Journal of Business & Industrial Marketing, 2013, 28 （2）：125 - 136.

③　王分棉，张鸿. 环境不确定性、高管特征与组织冗余——来自中国上市公司的证据 ［J］. 中央财经大学学报，2016（4）：102 - 111.

④　朱福林，黄艳. 网络强度、组织冗余与创新模式——对 200 家样本企业问卷调研数据的实证检验 ［J］. 科技进步与对策，2019，36（14）：1 - 9.

⑤　Chiu Y C, Liaw Y C. Organizational slack：Is more or less better? ［J］. Journal of Organizational Change Management, 2009, 22 （3）：321 - 342.

⑥　李健，李晏墅. 制造业组织冗余、两职兼任与企业绩效——基于中国上市面板数据的实证研究 ［J］. 工业技术经济，2013（4）：83 - 89.

表 2 - 20　组织冗余的影响后果研究文献整理

作者（年份）	因变量	研究问题	研究对象	研究结论
Chiu 和 Liaw (2009)	企业绩效	探讨组织冗余和企业业绩的关系	529 家高新技术企业	组织冗余和企业业绩存在正相关关系，公司战略发挥调节作用
Ju 和 Zhao (2009)[①]		探讨转型经济体中组织冗余和企业绩效的关系	60945 家企业	组织冗余和企业业绩效正相关，企业所有权和行业竞争强度发挥调节作用
Vanacker 等 (2013)[②]		探讨影响组织冗余与企业绩效之间关系的因素	1215 家私营公司	财务冗余、人力资本冗余与创业公司绩效正相关，风险资本发挥正向调节作用；天使投资在人力资本冗余和公司绩效间发挥正向调节作用
李健和李婧慧 (2013)		探究组织冗余与企业业绩的关系	382 家上市企业	组织冗余与企业绩效负相关，管理者两职兼任发挥负向调节
Xu 等 (2015)		探究组织冗余对企业社会绩效的影响	1299 家上市公司	未吸收冗余和企业社会绩效正相关，全民所有制发挥负向调节作用；已吸收冗余和企业社会绩效负相关
Hughes 等 (2015)[③]		探讨组织冗余与网络有效性对创业导向的关系	607 家中小企业	组织冗余和企业绩效正相关，网络有效性在创业导向和企业绩效发挥正向调节作用
李健等 (2018)		探究制造业企业期望绩效反馈结果与组织冗余的关系	1545 家上市企业	非沉淀性冗余和企业绩效负相关
李林杰和张晓慧 (2019)		探究成本黏性、组织冗余和绩效的关系	沪深 A 股主板制造业上市公司	组织冗余与公司绩效负相关

① Ju M, Zhao H. Behind organizational slack and firm performance in China: The moderating roles of ownership and competitive intensity [J]. Asia Pacific Journal of Management, 2009, 26 (4): 701 –717.

② Vanacker T, Collewaert V, Paeleman I. The relationship between slack resources and the performance of entrepreneurial firms: The role of venture capital and angel investors [J]. Journal of Management Studies, 2013, 50 (6): 1070 –1096.

③ Hughes M, Eggers F, Kraus S, et al. The relevance of slack resource availability and networking effectiveness for entrepreneurial orientation [J]. International Journal of Entrepreneurship and Small Business, 2015, 26 (1): 116 –138.

续表

作者（年份）	因变量	研究问题	研究对象	研究结论
Franquesa 和 Brandyberry (2009)①		探讨中小企业组织冗余对不同类型信息技术应用的影响	2296 家中小企业	潜在冗余资源和小企业技术创新正相关，创新资本强度发挥调节作用
Troilo 等（2014）②		探讨组织冗余与激进创新的关系	750 家企业	组织冗余和激进式创新正相关，远程搜索要素发挥部分中介作用
Mousa 和 Chowdhury (2014)③	创新	探讨组织冗余和组织研发战略的关系	纽约证券交易所、AMEX 和纳斯达克上市的美国公司	组织冗余和研发投资相关，CEO 任期和 CEO 薪酬起正向调节作用
Lee（2015）④		探讨组织冗余和创新的关系	韩国公司组成的面板数据集	小企业或新兴企业的潜在冗余和创新正相关；可利用冗余与创新之间没有关系
Murro 等（2016）		探讨已吸收冗余、未吸收冗余的潜在冗余与创新的关系	208 家公司	已吸收冗余、未吸收冗余和潜在冗余与企业创新正相关，未吸收冗余对创新的影响程度较低
陈爽英等（2016）		研究不同组织冗余对企业研发资强度的关系	233 家上市公司	可恢复冗余、可利用冗余与企业研发投资强度呈倒 U 型关系，潜在冗余与企业研发投资强度为负相关关系
苏昕和刘昊龙（2018）		探讨组织冗余与多元化经营、研发投入的关系	509 家企业	组织冗余与研发投入正相关

① Franquesa J, Brandyberry A. Organizational slack and information technology innovation adoption in SMEs [J]. International Journal of E - Business Research, 2009, 5 (1): 25 -48.
② Troilo G, De Luca L M, Atuahene - Gima K. More innovation with less? A strategic contingency view of slack resources, information search, and radical innovation [J]. Journal of Product Innovation Management, 2014, 31 (2): 259 -277.
③ Mousa F T, Chowdhury J. Organizational slack effects on innovation: The moderating roles of CEO tenure and compensation [J]. Journal of Business Economics and Management, 2014, 15 (2): 369 -383.
④ Lee S. Slack and innovation: Investigating the relationship in Korea [J]. Journal of Business Research, 2015, 68 (9): 1895 -1905.

续表

作者（年份）	因变量	研究问题	研究对象	研究结论
Lin 等 (2009)①	多元化战略	探讨高自主冗余和低自主冗余对企业国际化程度的影响	179 家高科技公司	高自主冗余和企业国际化呈 U 型关系，低自主冗余和企业国际化呈正相关
刘冰等 (2011)		探讨组织冗余、网络位置与企业多元化战略的关系	875 家上市公司	可利用冗余、可恢复冗余、潜在冗余均与企业多元化程度正相关，网络位置发挥调节作用
Alessandri 等 (2014)②		探讨组织冗余和收购经验对不同环境下企业并购行为的影响	385 项收购	组织冗余正向影响企业多元化战略和跨境收购行为
Paeleman 等 (2017)		探讨不同类型的组织冗余如何影响企业出口强度	9535 家制造企业	人力资源冗余对出口强度负相关，财务资源冗余和人力资源冗余减的速度正向影响出口多样性
陈家淳等 (2018)		分析组织冗余与行业多元化战略的关系	1656 家上市企业	组织冗余与行业多元化战略存在 U 型关系

① Lin W T, Cheng K Y, Liu Y. Organizational slack and firm's internationalization: A longitudinal study of high-technology firms [J]. Journal of World Business, 2009, 44 (4): 397 – 406.

② Alessandri T, Cerrato D, Depperu D. Organizational slack, experience, and acquisition behavior across varying economic environments [J]. Management Decision, 2014, 52 (5): 967 – 982.

更为复杂的曲线关系。黄金鑫和陈传明（2015）[①] 以上市公司为研究对象，指出组织冗余与企业成长性和企业绩效呈 U 型关系。国内学者赵洁（2013）[②]、赵立祥和张文源（2015）[③] 分别从所有权结构和创业投资视角证实了组织冗余和企业绩效存在非线性的倒 U 型关系。蒋春燕和赵曙明（2004）[④] 以我国 278 家上市公司连续 8 年的数据为研究样本，证实了组织冗余和企业绩效之间存在转置 S 型曲线关系。

第二，关于组织冗余对企业创新的影响，现有研究主要分为两类。一方面，有学者直接探讨组织冗余与企业创新的关系，发现两者存在正相关关系、U 型关系、倒 U 型关系。例如苏昕和刘昊龙（2018）通过探讨多元化经营与研发投入的关系，发现组织冗余会促进企业研发投入；郭立新和陈传明（2010）[⑤] 的研究中发现组织冗余和创新存在 U 型关系；Nohria 和 Gulati（1996）发现组织冗余和创新呈倒 U 型关系。另一方面，也有学者通过对组织冗余进行分类，分别探讨不同类型组织冗余对企业创新的影响。Murro 等（2016）[⑥] 的研究发现已吸收冗余、未吸收冗余和潜在冗余与企业创新正相关，未吸收冗余对创新的影响程度较低。国内学者陈爽英等（2016）[⑦] 通过对 233 家中国上市企业的调查，发现可恢复冗余、可利用冗余与企业研发投资强度呈倒 U 型关系，潜在冗余与企业研发投资强度存在负相关关系。

第三，关于组织冗余对企业多元化战略的影响，现有研究主要分为两类。一方面，有学者认为组织冗余会增强企业对外投资和开发新项目的能力，因而与企

①　黄金鑫，陈传明. 冗余资源对成长性企业绩效影响研究——基于我国创业板企业的实证研究[J]. 广西社会科学，2015（1）：69-74.
②　赵洁. 所有权结构对组织冗余与企业绩效的影响研究——基于委托人—委托人冲突视角[J]. 西安交通大学学报（社会科学版），2013，33（3）：46-51.
③　赵立祥，张文源. 创业投资对组织冗余与企业绩效关系的影响研究[J]. 当代经济科学，2015，37（2）：114-123.
④　蒋春燕，赵曙明. 组织冗余与绩效的关系：中国上市公司的时间序列实证研究[J]. 管理世界，2004（5）：108-115.
⑤　郭立新，陈传明. 组织冗余与企业技术创新绩效的关系研究——基于中国制造业上市公司面板数据的实证分析[J]. 科学学与科学技术管理，2010，31（11）：54-62.
⑥　Murro E V B, Teixeira G B, Beuren I M, et al. Relationship between organizational slack and innovation in companies of bm&fbovespa[J]. Revista De Administraçao Mackenzie, 2016, 17（3）：132-157.
⑦　陈爽英，杨晨秀，邵云飞. 组织冗余与企业研发投资强度的非线性关系研究——基于中国上市公司面板数据的实证[J]. 研究与发展管理，2016，28（5）：55-62.

业多元化战略正相关，如 Paeleman 等（2017）[①] 的研究发现企业的人力资源冗余和财务资源冗余正向影响企业出口多样性。刘冰等（2011）[②] 通过对上市公司不同类型组织冗余与企业多元化程度关系的考察，发现不同类型的组织冗余均能够促进企业实施多元化战略。另一方面，有学者认为，组织冗余并不能直接促进企业的多元化战略选择，两者间存在 U 型关系。如陈家淳等（2018）[③] 发现在组织冗余相对较少时，随着组织冗余的增加，企业更可能实施专业化战略；在组织冗余较多时，随着组织冗余继续增加，企业更易于实施多元化战略。

2.4.5　组织冗余的调节作用研究进展

组织冗余在企业战略决策和日常经营活动中发挥调节作用，包括企业战略变革、企业国际化、企业绩效、社会责任等，如表 2 - 21 所示。

表 2 - 21　组织冗余作为调节因素的研究

作者（年份）	研究问题	研究样本	研究结论
Wu 等（2011）[④]	探讨高管团队多样性、组织冗余和战略变革的关系	391 家上市公司	组织冗余在高管团队多样性和战略变革中发挥调节作用
Dutta 等（2016）	探讨组织冗余、CEO 过度自信和任期与企业国际化的关系	4812 家公司	组织冗余负向调节企业跨境并购经验和跨境并购决策的关系
Arora 和 Dharwadkar（2011）	探究组织冗余和成就差异在公司治理与企业社会责任之间的作用	518 家企业	组织冗余在公司治理与企业社会责任间发挥正向调节作用
Huang 和 Li（2012）[⑤]	考察组织冗余对团队学习与项目绩效之间关系的影响	183 家公司	探索式学习、利用式学习与项目绩效正相关，组织冗余在探索式学习和项目绩效间发挥调节作用

①　Paeleman I, Fuss C, Vanacker T. Untangling the multiple effects of slack resources on firms' exporting behavior [J]. Journal of World Business, 2017, 52 (6): 769 - 781.

②　刘冰，符正平，邱兵. 冗余资源、企业网络位置与多元化战略 [J]. 管理学报，2011，8 (12): 1792 - 1801.

③　陈家淳，杨奇星，杜晓凤. 组织冗余对行业多元化战略的影响研究 [J]. 财会通讯，2018 (9): 39 - 42.

④　Wu Y, Wei Z, Liang Q. Top management team diversity and strategic change: The moderating effects of pay imparity and organization slack [J]. Journal of Organizational Change Management, 2011, 24 (3): 267 - 281.

⑤　Huang J W, Li Y H. Slack resources in team learning and project performance [J]. Journal of Business Research, 2012, 65 (3): 381 - 388.

续表

作者（年份）	研究问题	研究样本	研究结论
李妹和高山行（2012）①	探讨企业家导向、市场导向、组织冗余、企业绩效的关系	270 家企业	市场导向与企业家导向都对绩效有正向促进作用，未吸收冗余正向调节企业家导向与企业绩效的关系，已吸收冗余正向调节市场导向与企业绩效的关系
高孟立（2017）	探讨双元学习及其双元平衡度、组织冗余和服务创新绩效间的关系	185 家知识密集型服务企业	利用式学习、探索式学习及其双元平衡度与服务创新绩效呈正相关，组织冗余发挥正向调节作用
严若森等（2018）②	探究组织冗余在连锁董事网络和企业创新投入间的作用	1293 家上市公司	网络中心度负向影响企业创新投入，组织冗余发挥负向调节作用，国有企业的调节作用更强；结构洞指数正向影响企业创新投入，组织冗余发挥正向调节作用，非国有企业的调节作用更强
Leyva – de la 等（2019）③	分析组织冗余在环境创新和财务绩效间的关系	75 家公司	环境创新和财务绩效正相关，组织冗余发挥负向调节作用
Lu 和 Huang（2019）④	探讨制造业战略导向、组织冗余、企业间联系的关系	80 家上市公司	效率导向和企业间营销联系正相关，灵活导向和企业间技术联系正相关，组织冗余（已吸收冗余）发挥正向调节作用

　　一方面，在企业战略决策选择中，组织冗余往往会使企业管理层选择次优战略，发挥负向调节作用，如 Dutta（2016）等⑤通过探讨 CEO 过度自信和任期、

　　① 李妹，高山行. 企业家导向、市场导向与企业绩效的关系研究——一项基于组织冗余调节效应的实证分析 [J]. 科技进步与对策，2012，29（4）：63 - 69.
　　② 严若森，华小丽，钱晶晶. 组织冗余及产权性质调节作用下连锁董事网络对企业创新投入的影响研究 [J]. 管理学报，2018，15（2）：217 - 229.
　　③ Leyva – de I H D I, Ferron – Vilchez V, Aragon – Correa J A. Do firms' slack resources influence the relationship between focused environmental innovations and financial performance? More is not always better [J]. Journal of Business Ethics, 2019, 159（4）：1215 - 1227.
　　④ Lu L H, Huang Y F. Manufacturing strategy, organizational slack, and the formation of interfirm linkages [J]. Chinese Management Studies, 2019, 13（1）：70 - 92.
　　⑤ Dutta D K, Malhotra S, Zhu P C. Internationalization process, impact of slack resources, and role of the CEO: The duality of structure and agency in evolution of cross – border acquisition decisions [J]. Journal of World Business, 2016, 51（2）：212 - 225.

组织冗余与企业国际化的关系，发现组织冗余在企业跨境并购经验和企业国际化进程中起负向调节作用。另一方面，在企业日常经营活动中，组织冗余通常可以充当环境变化的缓冲剂，发挥正向调节作用。比如 Arora 和 Dharwadkar（2011）[①]的研究发现组织冗余正向调节公司治理与企业社会责任的关系。高孟立（2017）[②] 通过探讨双元学习及其双元平衡度、组织冗余、服务创新绩效的关系，发现组织冗余在双元学习和服务创新绩效的关系中发挥正向调节作用。

2.4.6　组织冗余研究述评

通过对国内外组织冗余文献的梳理和总结，我们发现组织冗余的研究已取得了丰硕的成果，不同学者对组织冗余的内涵和维度划分展开了探讨，组织冗余的相关实证研究也相继展开，如图 2 - 3 所示。但总体来看，现有研究尤其是国内组织冗余的研究仍存在几点不足之处，需要进一步改进以深化和拓展相关研究。

首先，组织冗余的内涵在学界尚未达成共识，且缺乏组织冗余的本土测量量表。虽然众多学者对组织冗余的内涵进行了界定，但目前还没有得到统一的结论。国内学者更多的是对西方学者观点的借鉴和验证，相对缺乏中国本土化组织冗余的概念界定。因此，如何立足中国情境，提出具有中国特色的组织冗余概念是当前组织冗余研究的一个重要问题。此外，关于组织冗余的测量，现有研究主要分为客观指标测量和主观指标测量两种方法。国内研究大多参考 Singh（1986）关于组织冗余的维度划分及测量方法，缺少对组织冗余量表的开发，限制了相关研究的推进。

其次，目前关于组织冗余的研究主要沿着组织冗余与企业绩效、企业创新、多元化战略的关系三方面展开。现有研究主要关注组织冗余在企业中能够发挥的作用，或者聚焦人力资本、股权结构、产权制度等因素与组织冗余的关联，以期明晰组织冗余和企业经营活动的关系[③]，但相关研究并未达成共识。这可能是因为部分学者并未对组织冗余的维度进行区分，这种不区分维度的研究很难得出可

①　Arora P, Dharwadkar R. Corporate governance and corporate social responsibility（CSR）：The moderating roles of attainment discrepancy and organization slack ［J］. Corporate Governance：An International Review，2011，19（2）：136 - 152.

②　高孟立. 双元学习与服务创新绩效关系的实证研究——组织冗余与战略柔性的调节作用 ［J］. 科技管理研究，2017（14）：202 - 212.

③　梅小敏. 中国情境下制造业服务化与财务绩效的关系研究——基于组织冗余、组织合法性的调节作用 ［D］. 大连：大连理工大学，2018.

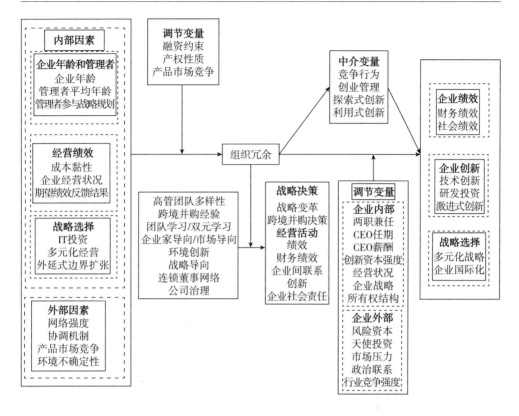

图 2 - 3　组织冗余的影响因素、影响结果及其作用机制的整合框架图

靠的结论，阻碍了相关研究的发展。此外，现有研究在探究组织冗余对企业的影响作用时，主要关注大型企业与成熟市场，相对缺乏对新创企业和新兴市场的研究（刘星和金占明，2017），同时也缺少对企业所处具体行业、企业所处具体战略情境的考量和探究。

最后，近年来，有关组织冗余的研究趋势表现为注重其在战略选择和企业经营活动中的调节作用，注重对其影响因素的探讨。以往研究大多将组织冗余作为自变量来探究其对企业活动的影响，但有研究表明组织冗余并不能对企业经营活动和企业成长产生直接作用，组织冗余是企业进行战略抉择和研发创新的外在条件（刘星和金占明，2017），并且企业经营状况和外界环境可能会对组织冗余产生不同影响。后续研究可以借鉴该思路，进一步开展对组织冗余作为调节变量和其前因变量的探索，以此来丰富和完善有关组织冗余的研究。

2.5 总体评述及本书所做研究的努力方向

2.5.1 相关理论总体评述

创业型领导研究已取得一定的进展，但仍处于探索阶段，总的来说，主要体现在以下三个方面：

第一，创业型领导的内涵与特征尚未统一。虽然不少学者基于不同的视角探讨了创业型领导的概念内涵和结构维度，但目前学术界对创业型领导的内涵并没有形成统一的认识。相较于国外，国内学者对创业型领导的研究比较滞后，现有研究更多的是直接借用西方学者对创业型领导的理论阐释，并没有采取严谨的方法来深入剖析创业型领导的本土内涵。具体而言，国内学者一方面对国外创业型领导研究进行介绍与述评，进而向国内学者推荐创业型领导这一新型领导风格的研究前景；另一方面就中国情境下创业型领导的本土内涵展开了初步的理论分析与探讨。明晰中国情境下创业型领导的内涵和结构，构建创业型领导的本土概念模型是推进创业型领导本土化研究的前提。加强和推进创业型领导的本土化研究对于丰富创业型领导理论以及拓展创业型领导的应用情境都具有重要的意义。

第二，中国文化背景下的创业型领导如何测量等问题还处于探索阶段，且缺乏创业型领导的本土测量量表。综观国内现有创业型领导的实证研究，学者们大多引用 Gupta 等（2004）设计的双维度五角色模型，但其开发时所用的 GLOBE 样本并不是专门用于创业型领导，缺乏一定的严谨性。忽视中西方的情景差异，用西方创业型领导量表直接衡量中国组织情境下创业型领导行为未免不当。杨静和王重鸣（2013）考虑到东西方文化的差异性，对中国变革背景下的女性创业型领导进行了探索，基于扎根理论将女性创业型领导划分为 6 个维度并编制了 29 个题项的创业型领导量表。然而，该量表仅仅是针对女性创业者开发的，缺乏普适性和有效性。

第三，以往研究没有很深入地论证中国组织情境下创业型领导的有效性。在创业型领导的影响效果方面，相关研究涉及个体层面、团队层面和组织层面。在组织层面，现有研究较多探讨创业型领导与新创企业成长的直接影响关系，如

Mgeni（2015）以坦桑尼亚的中小型企业为样本，发现 CEO 的创业型领导行为能有效地提高企业绩效。黄胜兰（2015）通过新创企业的 168 份问卷数据，发现创业型领导能有效地提高新创企业绩效。然而，现有研究较少探讨创业型领导对新创企业成长的作用机制和边界条件，使创业型领导的实证研究推进相对较慢。因此，揭示创业型领导影响新创企业成长的"黑箱"，即创业型领导是如何发挥有效性的，也是构建本土创业型领导理论和完善西方创业型领导相关研究所应该解决的重要课题。

2.5.2　本书所做研究的努力方向

基于上述文献回顾，可以得出以下两个核心结论：第一，目前国内关于创业型领导的研究还缺乏有效的测量工具和模型构建；第二，中国情境下创业型领导对新创企业成长的作用机制还有待于进一步探索。

围绕上述两个核心结论，本书力图解决以下三个问题：①创业型领导的本土化概念如何界定？其内在的结构维度是什么？各个维度之间的关系如何？创业型领导与其他本土化的领导行为（变革型领导、魅力型领导、愿景型领导）是什么关系？是否有别于这些构念？②如何开发有效的创业型领导本土化测量工具对其进行测量？③创业型领导的影响效果怎样？它与新创企业成长之间有什么关系？其作用机制是什么？上述问题都是目前在理论和实证方面悬而未决的研究课题，对这些问题的探讨无疑是本书要努力的方向。

为了解决上述三个方面的问题，本书将分别开展 3 项子研究进行探讨：①创业型领导结构维度的本土化研究；②创业型领导的本土化量表开发及验证；③创业型领导与新创企业成长的关系：双元创业学习与组织冗余的作用。

第3章 中国组织情境下创业型领导结构维度的质性研究

3.1 引言

随着全球经济的高速发展和多元化进程加快，企业承受着方方面面的高压。环境复杂多变、资源获取困难等因素使企业难以跨越成长"瓶颈"，深陷成长困境①。在这种情况下，领导者如何提升企业对不确定环境的适应性？领导者如何发现有效的战略价值？领导者如何构建新的商业模式？这些都成为领导者亟须解决的难题。兼具领导者和创业者特征的创业型领导风格为有效应对上述难题提供了行之有效的途径。创业型领导响应了当前企业对领导者创业精神的呼吁，聚焦于寻找创业机遇、营造创业氛围，引领企业实现持续变革与创新②。

近年来，伴随着创业热潮的涌起，创业型领导作为战略型创业的核心要素也逐渐进入国内外学者们的视野。至今，国外学者对创业型领导的相关研究主要遵循以下两条主线：一是对创业型领导的内涵、结构维度划分等问题展开初步研究（Gupta et al.，2004；Hejazi et al.，2012）；二是对创业型领导与创业导向、创新

---

① 陈奎庆，李刚. 创业型领导研究回顾与展望 [J]. 常州大学学报（社会科学版），2016，17（4）：26-31.

② 杨静，王重鸣. 基于多水平视角的女性创业型领导对员工个体主动性的影响过程机制：LMX 的中介作用 [J]. 经济与管理评论，2016，32（1）：63-71.

活动、创新能力以及创业绩效之间的关系开展相应的实证研究[1][2]。国外创业型领导研究有了较好的效果，其有效性在西方组织情境下得到了证实。国内学术界针对创业型领导也开展相关研究，但起步较晚且发展尚不完善。探讨中国情境下创业型领导效能机制的实证研究大都直接引用西方文化背景下开发的量表，或在西方量表的基础上稍作修改，相对缺乏针对中国情境开发的本土化创业型领导量表（王弘钰等，2018）。总的来说，国内对创业型领导的研究仍处于探索阶段，尤其缺乏创业型领导的本土化研究，造成该研究现状的重要原因是缺乏创业型领导的本土化测量工具。忽视中西方文化情境的差异性，直接引用西方文化情境下创业型领导的内涵及测量量表就中国组织情境下创业型领导的实践开展实证研究，容易导致"橘逾淮而为枳"的后果（Hofstede et al.，2016）[3]。因此，明确中国文化背景下创业型领导的内涵，构建创业型领导的本土化概念模型，对于丰富创业型领导的理论内涵以及推进创业型领导的本土化研究具有重要的意义。

由于现有文献对中国文化背景下创业型领导的内涵及结构维度难以给出全面合理的理论阐释，本书拟运用以建构理论为目的的扎根理论方法及技术，立足本土文化，从中国文化背景出发来深入探讨创业型领导的结构维度，构建创业型领导的本土化概念模型，以期初步建构一个中国文化背景下创业型领导的理论模型，为推进创业型领导的本土化研究提供了更多的理论依据，也为中国组织情境下的创业型领导实践提供决策参考。

3.2　研究方法

3.2.1　研究样本

要运用扎根理论研究方法明晰中国情境下创业型领导的结构维度，就必须广

---

①　Mokhber M, Ismail W K W, Vakilbashi A. Towards understanding the influence of entrepreneurial leadership on organization demand for innovation [J]. Advanced Science Letters, 2015, 21 (5): 1481 – 1484.

②　Huang S, Ding D, Chen Z. Entrepreneurial leadership and performance in Chinese new ventures: A moderated mediation model of exploratory innovation, exploitative innovation and environmental dynamism [J]. Creativity and Innovation Management, 2014, 23 (4): 453 – 471.

③　Hofstede G, Bond M H. Hofstede's culture dimensions: An independent validtion using Rokeach's value Survey [J]. Journal of Cross – Cultural Psychology, 2016, 15 (6): 417 – 433.

泛收集中国情境下创业型领导的特征数据。本研究采用深度访谈法、开放式问卷调查来收集相关数据。访谈是在扎根理论研究中不可或缺的一种数据收集方法，我们共访谈了 10 位受访者，访谈方式包括实地访谈和电话访谈两种，对于在常州当地的受访者我们采取实地访谈的方式，而在外地的受访者则采取电话访谈的方式。在访谈前为了取得访谈对象的信任，我们均将学校开具的相关证明以网络或邮寄等方式交给受访者，并且对所有的受访者提供"保密承诺书"，保证此次访谈的匿名性。这样就可以有效地确保所有受访者在接受访谈时的回答更具有真实性，有益于研究的下一步开展。我们对每位受访者都进行了 40 ~ 50 分钟的深入访谈，所有的访谈内容均进行了录音并被整理成文字形式。10 位受访者中共有男性 6 人，女性 4 人；年龄均在 25 ~ 46 岁；有 5 人来自民营企业，3 人来自外资企业，2 人来自国有企业；高层管理者有 1 人，中层管理者有 2 人，基层管理者有 2 人，普通员工有 5 人。对这些受访者进行访谈时，主要包括以下几个问题："您认为创业型领导包含哪些具体的行为特质？""您认为您在工作中是否遇到过创业型领导吗？如果遇到过，他/她们表现出了哪些特质？""您认为在工作中创业型领导是否有益于您所在企业的发展？为什么？""您认为创业型领导是否适应于现在的企事业单位？为什么？"受访者的具体信息如表 3 - 1 所示。

表 3 - 1　深度访谈对象的基本情况

编号	代码	职位	职位类型	单位性质	性别	年龄
1	Z	副总经理	高层管理者	民营企业	男	46
2	L1	销售主管	中层管理者	民营企业	男	38
3	G	人事主管	中层管理者	民营企业	女	40
4	P1	车间主任	基层管理者	国有企业	男	30
5	L2	领班	基层管理者	外资企业	女	28
6	X	质检员	普通员工	国有企业	男	26
7	G	出纳	普通员工	外资企业	男	31
8	P2	职员	普通员工	民营企业	男	28
9	Y	人事专员	普通员工	民营企业	女	25
10	M	职员	普通员工	外资企业	女	26

此外，我们还选取了 3 家企业以及两个在职的 MBA 班进行创业型领导的开放式问卷调查。由于创业型领导兼具领导与创业、创业导向及创业管理等核心特征，我们在设计开放式问卷调查时要求填答者根据自身的工作经历，将他们自己

认为的创业型领导应当具有的行为特质逐条写在问卷上，每条创业型领导的特征要尽可能的单一，每人可列举 5 ~ 10 条相关特征。在发放问卷的过程中，我们均坚持实地发放、当场回收的原则，并且在填答者填写前向他们保证所收集的数据只会用作学术研究，确保整个调查的保密性。最终，我们一共发放了 200 份问卷，其中收回的有效问卷为 112 份，整体的有效问卷回收率为 56%。在有效的问卷填答者中，男性共有 45 人，占比 40.18%，女性共有 67 人，占比 59.82%；年龄在 21 ~ 48 岁，平均年龄为 28.41 岁；司龄在 1 ~ 12 年，平均司龄为 2.86 年；本科及以上学历共有 73 人，占比 65.18%，本科以下学历共有 39 人，占比 34.82%；公司管理层（高、中、基层）共有 32 人，占比 28.57%，普通员工共有 80 人，占比 71.43%。

3.2.2　研究程序

在目前的管理学研究中，定性研究被认为是一种归纳式的理论研究，它有利于基于具体情境的社会科学理论的构建。而通常所采用的定量实证研究方法已被越来越多的学者认识到它的局限性：定量研究是基于已有的理论，但若是面对一个全新的理论或社会现象要提出假说，则很容易因为研究者先入为主的观念而导致研究设计、数据收集及分析等方面出现偏差，以至于忽略真正问题的发现[1]。与定量研究有所不同，定性研究的优势在于构建对社会现象深入透彻的理解与解释[2]。换言之，当一个理论概念的内涵与外延已经能够得到较好的阐释时，比较适合使用量化研究的方法进行下一步的探究，而若是一个理论概念的内涵和外延并未得到广泛认可的解释时，则适合运用质化研究的方法，特别是质化研究中的扎根理论研究方法[3]。由于创业型领导这一概念在中国情境中的内涵及外延至今仍未得到较好和统一的阐释，其相关的研究进展较为缓慢，因此本书采用扎根理论研究方法，对中国情境下的创业型领导的概念内涵进行明确界定，并对其结构维度进行探索。

① 贾旭东，谭新辉. 经典扎根理论及其精神对中国管理研究的现实价值 [J]. 管理学报，2010，7 (5)：656 – 665.

② Devotta K，Woodhall – Melnik J，Pedersen C，et al. Enriching qualitative research by engaging peer interviewers：A case study [J]. Qualitative Research，2016，16 (6)：661 – 680.

③ 王璐，高鹏. 扎根理论及其在管理学研究中的应用问题探讨 [J]. 外国经济与管理，2010，32 (12)：10 – 18.

Glaser 和 Strauss（1967）[1] 最早提出了扎根理论，此后但凡是需要进行理论构建的定性研究，几乎都会使用到扎根理论的理念和具体操作方法。总体而言，扎根理论主要适用的情境有两大类，虽然这两种情境都包括提出问题、收集数据、数据处理和理论构建这几个步骤，但纵向理论建构主要适用于在按时间先后顺序对事件进行回顾时厘清这其中的因果关系，横向理论建构则是对基于现象而提出的理论概念进行内涵和外延的界定[2]。综上所述，本书采用扎根理论的横向理论建构方法，通过深度访谈、开放式问卷调查等方法来收集数据，此后运用开放式编码、选择性编码和理论编码等科学规范的数据处理方式来得到中国情境下创业型领导的概念内涵及结构维度。

3.3　研究过程与结果

基于扎根理论的质性研究被认为是社会学五大传统研究方法中最适于进行理论构建的方法，因此本书选取经典扎根理论方法，对收集到的访谈数据及开放性问卷数据进行逐步的编码分析。"编码"在经典扎根理论研究方法中，是指通过对事件之间和事件与概念的不断比较，从而促成更多的范畴、特征的形成及对数据的概念化。经典扎根理论的编码强调的是通过比较对所收集数据的不断概念化和抽象化，而不仅仅是解释性的关键词提取[3]。经典扎根理论的编码步骤共分为三步，分别为开放式编码、选择性编码以及理论编码（贾旭东等，2010）。为了确保编码的准确性，我们事先对编码的 3 位研究生进行了培训，同时采取 3 人分别独立编码，最后再进行汇总，对编码不一致的结果进行讨论直到达成一致，进一步保证了编码的信度。

3.3.1　开放式编码

本书是为了明晰中国情境下创业型领导的结构维度，在对已收集到的数据进

① Glaser B G, Strauss A L. The discovery of grounded theory: Strategies for qualitative research ［M］. New York: Aldine, 1967.

② Lo C O. Literature integration: An illustration of theoretical sensitivity in grounded theory studies ［J］. Humanistic Psychologist, 2016, 44（2）: 177 - 189.

③ Glaser B. Basics of grounded theory analysis ［M］. Mill Valley, CA: Sociology Press, 1992.

·88·

行初步的审阅后，我们明确了编码的以下原则：如果原始材料所列的条目含义清晰且单一，我们就直接作为初始概念保留；对于语句含义清晰但是一条语句中包含多个含义的情况，我们经由 3 名研究生共同讨论后对内容进行拆分；如果发现存在一些明显与创业型领导无关的陈述内容，为了聚焦本书所关注的问题，我们将这些明显与研究目标不相符的语句进行删除，保留其他与研究有关的语句；如果受访者提供的是一些具体的事例而非普遍发生的行为，因为无法直接作为研究条目，要对这些事例进行反复的提炼、拆分，总结出受访者想要表达的含义。此后，我们将秉持开放的态度，根据深度访谈和开放式问卷调查所得资料的特征进行逐行、逐句编码，而不是在文本整理后对所整理的文本编码，使其逐层抽象化和概念化，以确保创业型领导的初始概念得到相应的涌现①。在进行开放式编码过程中，我们会尽可能地采用受访者给出的原生代码，即受访者自己的独特语句，以便更好地呈现其对中国情境下创业型领导的认识与感知。最终，我们根据对 10 位访谈对象的深度访谈和 112 份创业型领导的开放式问卷调查，经过对此反复的编码整理分析后，共得到了 461 条关于中国情境下创业型领导的初始概念，这些初始概念必须含义单一且与创业型领导实质高度相关。在本书中，我们以对 Z 先生的 Z 号访谈资料以及开放式问卷调查中的第 13 份问卷为例，将开放式编码的过程展现出来，具体过程如表 3 - 2 所示。

3.3.2 选择性编码

选择性编码是比开放性编码更有指向性和概念性的编码方式，它是为了使开放式编码中提取的初始概念"自然涌现"出核心范畴，这一过程需要我们对初始概念进行不断的比较、核对才能完成。进行选择性编码主要依据两个原则：一是初始条目间关联的重要性，二是初始条目的频繁重现性。因此，我们首先需要对开放式编码中得到的 461 条初始概念进行同类项合并的操作。在合并同类项时，我们参考姜定宇等（2003）② 人的做法，一共要经过两个步骤：第一步，是将初始概念中完全相同、表达一致的语句进行同类合并，合并后计算这类语句出现的频次，在这一过程结束后，创业型领导的描述条目缩减为 203 个。第二步，

---

① Glaser B G. Theoretical sensitivity：Advances in the methodology of grounded theory ［M］. Mill Valley, CA：Sociology Press, 1978.

② 姜定宇, 郑伯埙, 任金刚, 等. 组织忠诚：本土化的建构与测量 ［J］. 本土心理学研究, 2003, 19（6）：273 - 337.

表3-2 开放式编码过程示例

资料编号	原始资料	开放式编码得到的初始概念
深度访谈Z	"有一段时间我们公司面临很多问题，比如说业务膨胀、士气低迷、人才流失，这些问题当时一直困扰着我们公司。但那个时候我也没有特别绝望，因为我认为我们公司有自身的优点，我们有较厚的技术积累，还有员工骨子里的斗志，这些都是其他公司所比不上的，不能因为现在面临困难就完全否定它，还是要正确客观地看待，好好分析自己的优劣势，这样才能对症下药地解决问题"	Z-1 拥有积极乐观的心态 Z-2 对公司状况有清醒的认识 Z-3 发现公司经营中的不足和优势
	"针对当时的情况我们就采取了一个策略，就是包产到户，包产到户就是要下放决策权，让一线的指挥官去指挥战斗，这样下面的领导就不用每件事情都打报告，除了一些比较大的战略要一起商量之外，其他都可以自己做决定。这样一来他们就可以发挥自己的创造力，不用感到很大的束缚"	Z-4 简化工作流程 Z-5 针对现有问题灵活解决
	"我们有时候讲究放水养鱼，就是你的眼光一定要放得足够长远，不能只顾着眼前的小利，之前我们没有接触过药物研发这一领域，但我们分析认为这是未来的一个潜能行业，所以就决定进军，后来果然给公司带来了很大利益。现在社会在发展，时代在变化，你要是还是用以前的保守思路来解决问题，注定不会长久，只有积极主动地做出变化，才可以应对各种挑战" ……	Z-6 具有长远的眼光 Z-7 对未来形势能做出正确判断 Z-8 要用创新思维去解决问题 ……
开放式问卷调查第13份问卷	可以和我们的供应商还有顾客他们维持良好的合作关系 要善于和政府部门打交道处好关系 考虑事情时要有整体视角，不能只从一个小点出发 领导自己首先要有一个整体的目标 在工作时要有激情，能带动别人 领导在解决问题时要根据情况灵活地解决 要多鼓励员工尝试新方法来进行工作 ……	W13-1 能和供应商、客户保持良好关系 W13-2 善于和政府部门打交道 W13-3 考虑事情要有整体视角 W13-4 要树立一个整体目标 W13-5 工作时具有激情 W13-6 能激励下属工作 W13-7 根据情况灵活解决问题 W13-8 鼓励员工尝试新方法工作 ……

我们要对那些含义接近、内容相似，仅仅是表达方式不同的语句进行合并，需要注意的是，对于一些含义接近的语句不能大而化之地强行合并，而是要仔细地研究其真实含义后，将那些确实具有相同含义的语句进行合并，以求尽可能多地保留不同含义的条目，在完成之后，创业型领导的核心条目共44条多。

为了确保我们在同类项合并之后获得条目的准确性、适合性以及非重复性，同时也是为了减少下一步的归类数量，我们还需要对剩余的条目进一步地精简。在精简的过程中，我们主要遵循以下三个原则：①要再次明确目前所留下的条目中是否还存在包含多种含义的情况，确保每个条目都有且仅有一种含义；②对剩余的条目中含义十分接近的再次进行合并；③参考以往学者的研究，我们规定对于出现的频次低于5次的条目，在经过编制组3人的反复斟酌和统一商定后，予以删除。在此轮精简之后，原先保留的44条核心条目最终降为39条。

此后，我们为了进一步澄清中国情境下创业型领导的内涵，以形成清晰的创业型领导结构维度，需要将之前所得的39条条目进行归类和命名。根据 Farh 等 (2004)[①] 的做法，我们将所有的39条条目打印在手掌大小的卡片上，共准备三套卡片，以供3名研究者分类使用。3名研究者拿到卡片后，需各自进行分类，期间不可交流，以保证观点的独立性。在进行分类时，主要遵循以下几项原则：①每个核心范畴中所包含的条目数量不限；②每一个条目只可归入一类核心范畴，不能一条多用；③若是觉得某一条目实在无法归类，可单独放置。3名研究者在经过1小时的归类后，对各自的归类结果进行了讨论，对于3人分类完全一致的条目则直接接受；对于3人间归类有差异的条目，需要3人分别叙述归类的原因，在经过3人的思考之后，再次对条目进行归类，直至达成一致。3人分类命名后，分类完全相同的条目共有25条，占总条目数的64.10%；两人分类不一致的条目共有8条，占总条目数的20.51%；3人完全不一致的条目共有6条，占总条目数的15.39%。经过反复商讨后，最终形成了创业型领导的5个核心范畴。选择性编码的具体过程如表3-3所示。

① Farh J L, Zhong C B, Organ D W. Organizational citizenship behavior in the people's republic of China [J]. Organization Science, 2004, 15 (2): 241–253.

表3-3 选择性编码过程示例

核心范畴	子范畴	初始概念
审势相机	洞察机会和危机 善于分析环境 ……	能指出目前工作中的不足；及时发现可能创造价值的机会…… 对公司外部环境有自己的认识；清楚公司的市场定位……
构建网络	与供应商、客户保持良好关系 与政府部门保持良好关系 ……	注重与客户的关系发展；与供应商保持良好关系…… 能与相关部门打好关系；在政府部门建立自己的人脉……
激发创新	鼓励下属工作上创新 合理授权 ……	工作上允许下属尝试新方法；鼓励下属打破现有工作方法…… 不用过多的工作流程束缚下属；给予下属工作自由……
激情感召	有较强的成功欲望 激发下属工作热情 ……	对成功有极强的欲望；有强烈的企图心…… 能调动下属的工作热情；感染下属努力投身工作……
因势而动	具有角色能动性 设立阶段性目标 ……	能按工作需求对自己重新定位；主动改变自己的角色以适应环境…… 知道每个阶段该做什么事；根据情况及时调整目标……

3.3.3 理论编码

理论编码是将选择性编码中得到的核心范畴组织起来以构建理论。我们通过将选择性编码得到的条目进行不断比较区分，并将核心范畴与创业型领导的国内外文献相对照，总结得到了中国情境下创业型领导的构思模型，如图3-1所示。中国情境下创业型领导的五个构成维度分别为"审势相机""因势而动""构建网络""激情感召""激发创新"。审势相机是指领导者具有大局观，能及时洞察经营机会和危机，从多渠道收集信息，善于分析形势环境，对未来有正确预测；因势而动指领导者具有角色能动性，可根据情况变化制定目标、灵活决策、察觉机会后能充分利用；构建网络指领导者善于利用人际交往手段和客户、供应商、政府部门、合作者保持良好关系，并能处理好已不再有益的关系；激情感召指领导者自身拥有的成功渴望、工作热情、宏大愿景，并对下属工作产生激励作用；激发创新指领导者突破常规思维界限，鼓励员工尝试多种工作方法，从多角度思考问题，合理授权以激发创造力。综上所述，本书认为中国情境下的创业型领导指在多变的外部环境中能准确对形势做出分析，及时发现创业机会，并根据不断变化的形势做出灵活决策，通过内外部网络扩张占据有利结构位置，鼓励员工创新并以自身的人格魅力感染员工，从而实现战略价值创造的领导行为。

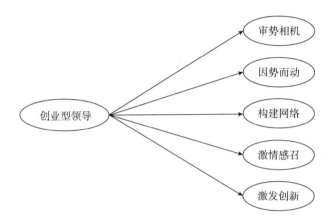

图 3－1　中国组织情境下创业型领导的结构维度

3.4　讨论

3.4.1　创业型领导的本土化概念模型

本书运用扎根理论的方法，通过深度访谈以及开放式问卷调查以收集中国情境下的创业型领导典型特征，在经过开放式编码、选择性编码以及理论编码等步骤之后，将收集到的条目不断比较、合并以概念化出核心范畴，最终得到了中国情境下创业型领导的结构维度。总体而言，中国情境下的创业型领导共包含五个结构维度，分别是：审势相机、因势而动、构建网络、激情感召和激发创新，这五个维度共同构成了中国情境下的创业型领导行为。我们将中国情境下的创业型领导定义为在多变的外部环境中能准确对形势做出分析，及时发现创业机会，并根据不断变化的形势做出灵活决策，通过内外部网络扩张占据有利的结构位置，鼓励员工创新并以自身的人格魅力感染员工，从而实现战略价值创造的领导行为。

第一，审势相机，是指领导者具有大局观，能及时洞察经营机会和危机，从多渠道收集信息，善于分析形势环境，对未来有正确预测。该维度所包含的典型条目：洞察机会和危机、善于分析环境。中国情境下的"审势相机"不仅包含洞察环境变化、准确分析形势以预测机遇与威胁，还指领导者在思考问题时要具有大局观、整体观，注重"势"的影响。"不谋全局者不能谋一域"充分说明了中国传统哲学崇尚整体论观点，提倡综合、多方面、全局性地思考问题。由此，审势相机是中国创业型领导内涵中不可缺少的部分。

第二，因势而动，是指领导者具有角色能动性，可根据情况变化制定目标、灵活决策，察觉机会后能充分利用。该维度包含的典型条目：具有角色能动性、设立阶段性目标。正如古语中提到的"君子谋时而动，顺势而为"，这一维度是中国本土情境下创业型领导的一个独特特征。因此，"因势而动"能作为中国情境下创业型领导的关键维度，且具有鲜明的本土化特色。

第三，构建网络，是指领导者善于利用人际交往手段和客户、供应商、政府部门、合作者保持良好关系，并能处理好已不再有益的关系。该维度包含的典型条目：与供应商、客户保持良好关系，与政府部门保持良好关系。创业型领导基于自身人际沟通能力，通过积极与外部行动者进行事项对接，构建优良的商业网络关系来拓宽外部资源渠道，进而整合有效信息与资源、进行大量共享活动行为并实现创业活动平稳开展。

第四，激情感召，是指领导者自身拥有的成功渴望、工作热情、宏大愿景，并对下属工作产生激励作用。该维度包含的典型条目：有较强的成功欲望、激发下属工作热情。本书发现中国情境下的"激情感召"具有更为丰富的内涵意义，不仅通过构建愿景和创业能力来促使下属对其产生信任，还包含要通过与员工的沟通互动来向员工传达自己的精神，激发员工的工作热情。

第五，激发创新，是指领导者突破常规思维界限，鼓励员工尝试多种工作方法，从多角度思考问题，并合理授权以激发创造力。该维度典型条目：鼓励下属工作上创新、合理授权。与西方学者对创业型领导的剖析在内容上高度一致，都展现了激发创新的重要性，强调通过先进的创业思想与创业行为来获取下属的信任与追随。

3.4.2 中西方情境下创业型领导内涵的比较

通过与国内外其他的创业型领导结构维度的比较，我们发现"审势相机"

这一维度除了包含 Gupta 等（2004）、Hejazi 等（2012）和杨静等（2013）提及的对未来的预测、发现潜在危险等特征，还指领导者在思考问题时要具有大局观、整体观，这与中国传统哲学和思维方式强调整体论观点，要从全局考虑问题相吻合①。"激情感召"这一维度除了与 Gupta 等（2004）、杨静等（2013）提出的表现出积极的工作情绪相吻合，还包含了领导要通过与员工的沟通互动来向员工传达自己的精神，由此激发员工的工作热情。最后"因势而动"这一维度是本书特有的一个维度，体现了在中国本土情境下，创业型领导对"势"的把握和利用，具有中国本土化特色。具体比较如表 3-4 所示。

表 3-4　创业型领导维度与其他创业型领导维度的比较

本书的结构维度	Gupta 等（2004）	Renko 等（2015）②	杨静等（2013）	Hejazi 等（2012）	本书各维度的特点
审势相机	构建挑战：对信息敏感，能预测未来可能发生的情况		变革心智：审视环境变化对公司发展的威胁；发现环境变化对公司发展的机遇；预测环境变化对公司的影响	战略因素：预测未来问题和危机；探索企业环境变化	受中国传统的"整体观"思维影响，创业型领导更偏重综合、多方面、全局性地思考问题，具有大局观
因势而动					突出了在中国本土情境下，创业型领导对"势"的把握和利用
构建网络	路径清晰：拥有熟练的人际技巧		整合关系：与竞争者、合作者、政府间建立良好关系		
激情感召	建立承诺：表现出积极的工作情绪	对工作充满激情		激励因素：业务成功动机	还要通过与员工的沟通互动来向员工传达自己的精神，激发员工的工作热情

① 林海芬，苏敬勤. 中国企业管理情境的形成根源、构成及内化机理 [J]. 管理学报，2017，14（2）：159-167.

② Renko M, Tarabishy A E, Carsrud A L, et al. Understanding and measuring entrepreneurial leadership style [J]. Journal of Small Business Management, 2015, 53 (1)：54-74.

本书的结构维度	Gupta 等 (2004)	Renko 等 (2015)	杨静等 (2013)	Hejazi 等 (2012)	本书各维度的特点
激发创新	阐明约束：鼓励他人思考	促使员工以更创新的方式行事；鼓励下属挑战现有的工作方式	培育创新：鼓励下属发现机会；鼓励下属尝试新的工作方法；鼓励在做中学；合理授权激发创造力		

综上所述，本书基于中国本土文化，运用扎根理论开展了创业型领导结构维度的质化研究，明晰了中国情境下创业型领导的结构维度并对其内涵进行了界定。回顾以往文献，我们发现中国情境下的创业型领导研究往往对其内涵并未做出明确界定，在此情况下开展的相关实证研究，其结论的有效性可能存在疑虑，阻碍创业型领导研究的进一步发展。本书基于扎根理论得出的中国情境下创业型领导的内涵及其结构维度为之后创业型领导量表的开发打下了坚实的基础，以期为日后创业型领导的本土化研究提供有益帮助。

3.4.3 创业型领导与其他本土化领导概念的异同比较

本书将创业型领导的本土模型与变革型领导、魅力型领导、愿景型领导进行比较。详细内容如表3-5所示。

表3-5 与其他本土化领导概念的异同比较

创业型领导	变革型领导	魅力型领导	愿景型领导
审势相机		业务能力	分析决断、战略前瞻
因势而动			机会意识
构建网络			
激情感召	愿景激励	愿景规划	
激发创新		创新精神	
独特维度内容	领导魅力、德行垂范、个性化关怀	亲和力、关心员工	学习总结、务实勤奋、关注现实

3.4.3.1　创业型领导与变革型领导

变革型领导是通过激发下属的高层次需要，建立起信任，使下属重视组织利益甚于私人利益，以促进企业变革的一种领导行为。国内学者李超平和时勘（2005）在全国 7 个城市，调查了 249 名来自不同行业，不同性质单位的被试，得出变革型领导四维度结构，分别为"愿景激励""领导魅力""德行垂范""个性化关怀"。变革型领导的"愿景激励"维度与创业型领导的"激情感召"维度相契合。两者都强调向下属阐述远大目标，以对员工产生激励作用，从而唤起工作激情。

创业型领导强调与内外部环境的互动，不仅包括员工，还包括外部供应商、客户等。变革型领导注重与员工之间的相互作用。因此创业型领导的"审势相机""因势而动"和"构建网络"维度在变革型领导结构上都没有体现。创业型领导重视员工的创新，而变革型领导强调对员工的个性关怀。

3.4.3.2　创业型领导与魅力型领导

魅力型领导是一种通过领导自身的人格特质影响下属的行为。国内学者大多借助国外魅力型领导的结构维度，而忽视中国文化下魅力型领导的特质。冯江平和罗国忠（2009）对 209 名企业管理者和员工进行开放式问卷调查，得出中国魅力型领导的 7 类特质，并编制了五维度魅力型领导量表，五维度包括"亲和力""创新精神""愿景规划""关心员工"和"业务能力"。其中魅力型领导的"愿景规划"和"创新精神"维度与创业型领导的"激情感召"和"激发创新"维度相似。两者都倾向于清晰表达组织愿景，以鼓舞员工工作士气并且都强调创新，鼓励员工突破常规思维。魅力型领导的"业务能力"维度中也体现了创业型领导的"审势相机"维度，即敏锐把握行业环境，做出正确预测。

相比于魅力型领导，创业型领导可根据目标灵活决策，并与外部建立起强大的关系网络。魅力型领导更强调自身的亲和力以及对员工工作生活中的关心。

3.4.3.3　创业型领导与愿景型领导

愿景型领导指领导者以口头或书面的形式向员工传达集体愿景以激励员工的行为①。李效云和王重鸣（2005）为提高领导有效性，通过问卷调查编制出中国愿景型领导的测量量表，该量表涉及"分析决断""学习总结""机会意识""战略前瞻""务实勤奋"和"关注现实"六个维度。愿景型领导"分析决断"和

---

① 范雪灵，王小华. 愿景型领导研究述评与展望［J］. 经济管理，2017，39（12）：174–189.

"战略前瞻"维度对应创业型领导的"审势相机"维度。两者都强调对于环境形势的把握，都具有大局观。善于把握机会并充分利用也是这两种领导风格的共同之处。愿景型领导还突出"学习总结""务实勤奋""关注现实"等维度。愿景型领导强调领导者对组织发展道路的反思，并且关注组织内外部情况。创业型领导尤其重视组织内部成员的创新和组织外部利益相关者的友好关系。

通过与变革型领导、魄力型领导、愿景型领导三种领导风格进行比较，研究发现创业型领导的"构建网络"维度在三种领导风格上没有体现。"构建网络"指领导者利用人际交往手段与客户、供应商等利益相关者保持良好关系。由于创业型领导具有创业者的特质，因此注重外部网络的构建。"审势相机"这一维度在魅力型领导和愿景型领导都有体现；变革型领导和魅力型领导重视"激情感召"这一维度；愿景型领导的"机会意识"维度与"因势而动"维度相似；魅力型领导与创业型领导同样重视"激发创新"。

3.5　研究小结

回顾以往文献，创业型领导的概念内涵尚未形成统一认知，国内学者在进行中国情境下创业型领导的实证研究时，大多选用或改编来自西方学者基于西方情境下编制的创业型领导量表，这些量表无法体现中国本土的创业型领导行为特征，不利于创业型领导本土化研究的后续发展。因此，本书立足于中国情境，运用基于经典扎根理论的质化研究方法，经过科学严谨的编码分析，明晰了中国情境下创业型领导的五个结构维度，分别为审势相机、因势而动、构建网络、激情感召和激发创新。同时将创业型领导界定为在多变的外部环境中能准确对形势做出分析，及时发现创业机会，并根据不断变化的形势做出灵活决策，通过内外部网络扩张占据有利的结构位置，鼓励员工创新并以自身的人格魅力感染员工，从而实现战略价值创造的领导行为。

本研究主要有以下两点理论贡献：首先，本研究基于中国本土文化，运用扎根理论开展了创业型领导结构维度的质化研究，对创业型领导的内涵进行了界定，并明晰了中国情境下创业型领导的结构维度，提炼出了审势相机、因势而动、构建网络、激情感召和激发创新五个核心范畴。回顾以往文献，我们发现中国情境下的创业型领导研究往往对其内涵并未做出明确界定，在此情况下开展的相关实证研究，其结论的有效性可能存在疑虑，阻碍创业型领导研究的进一步发展。本研究运用扎根理论的方法，通过深度访谈以及开放式问卷调查以收集中国情境下的创业型领导行为的典型特征，在经过开放式编码、选择性编码以及理论编码等步骤之后提炼出核心范畴，最终得到了中国情境下创业型领导的结构维度。本研究得出的中国情境下创业型领导的内涵及其结构维度为之后创业型领导量表的开发打下了坚实的基础，为日后开展创业型领导的本土化研究提供了有益帮助。其次，本书所提出的中国情境下创业型领导的五个维度比以往研究具有更深刻的内涵，其五个维度与以往研究相比既有共同点也有不同之处，更包含其他研究所不曾提出的中国文化所独有的维度。"审势相机"这一维度除了包含 Gupta 等（2004）、Hejazi 等（2012）和杨静等（2013）提及的对未来的预测、发现潜在危险等特征，还指领导者在思考问题时要具有大局观、整体观，这与中国传统哲学和思维方式强调整体论观点，要从全局考虑问题相吻合（林海芬等，2017）。"激情感召"这一维度除了与 Gupta 等（2004）、杨静等（2013）提出的表现出积极的工作情绪含义相吻合，还包含了领导要通过与员工的沟通互动来向员工传达自己的精神，激发员工的工作热情。最后"因势而动"这一维度是本研究提炼出的一个特有维度，体现了在中国本土情境下，创业型领导对"势"的把握和利用，具有中国本土化特色。本研究证实了中国情境下的创业型领导与西方国家的创业型领导相比具有其独特的文化内涵，这反映到了其结构维度上，同时也进一步说明了开展创业型领导本土化研究的必要性。

第4章 创业型领导的本土化量表开发及验证

4.1 引言

随着信息技术的不断进步，商业环境呈现出 VUCA 的特征，即不稳定性、不确定性、复杂性和模糊性。企业在动态复杂的环境下，如何顺应环境变化？如何有效地识别并把握机会？如何实现战略价值？一系列问题引发了人们的关注。创业型领导作为兼具创业者和领导者特征的新型领导方式能够帮助企业应对这些难题。

创业型领导作为新兴概念，其理论研究边界一直比较模糊。直到国外学者 Gupta（2004）首次探讨创业型领导的结构和维度，才将这一概念引入到实证研究中去（王弘钰和刘伯龙，2018）。随后，国外学者就创业型领导的内涵、结构、测量及前因后果等问题展开深入研究。国内对创业型领导的研究仍处于探索阶段，尤其缺乏创业型领导的本土化研究，造成该研究现状的重要原因是缺乏创业型领导的本土化测量工具。忽视中西方文化情境的差异性，直接引用西方文化情境下创业型领导的内涵及测量量表就中国组织情境下创业型领导的实践开展实证研究，容易导致"橘逾淮而为枳"的后果（Hofstede et al.，2016）。因此，开发中国情境下创业型领导的测量量表显得尤为重要。

综上所述，本书将立足于中国情境，在第3章开发出来的中国情境下创业型领导的结构模型的基础上，拟采用探索性因子分析、验证性因子分析等分析方法，开发具有较高信效度的创业型领导本土测量量表，以期为开展中国情境下创业型领导的实证研究提供可靠的测量工具，同时为企业实施创业型领导方式提供理论依据和实践指导。

4.2　研究方法

4.2.1　研究样本

在进行正式的问卷调查发放前，本研究先小范围地进行了预调研以开展初始量表的探索性因子分析、项目分析和信度分析。我们依托问卷星的网络平台，通过网络向两个成人教育班学员（班级成员皆有过工作经验）发放预调研问卷，问卷共分为两个部分，包括被试者和被试者公司 CEO 的基本信息以及创业型领导测量问卷。创业型领导测量量表采用 Likert 5 点计分法，其中"1"代表"非常不同意"，"5"代表"非常同意"。预调查共发放问卷 80 份，回收问卷 71 份，在剔除了无效问卷后得到有效问卷 59 份，问卷的有效回收为 73.75%。随后我们依次对收集到的数据运用 SPSS 22.0 进行了探索性因子分析和信度检验，得到的数据指标都较为理想。此后，本研究就正式开展了大规模的问卷调查工作以便开展探索性因子分析、验证性因子分析及信效度检验。本研究共开展三次问卷调查工作，采集三组样本数据。

样本一的数据主要用于对创业型领导初始量表的探索性因子分析以及信度检验。发放的量表共包含填写者及其公司 CEO 的人口统计学信息和创业型领导测量量表两个部分，采用 Likert 5 点计分法，其中"1"代表"非常不同意"，"5"代表"非常同意"。我们先后选择了常州、无锡、上海等地的企事业单位进行问卷的发放工作以收集数据，这一轮问卷均通过网络邮件的方式进行发放。当收回问卷后，要对问卷进行筛选以剔除掉质量较差的问卷。筛选的原则如下：填答时漏答的、选项有 8 个以上完全一致的以及基本信息失真的均视为无效问卷予以剔除。此次问卷调查共发放问卷 200 份，剔除无效问卷后剩余有效问卷 116 份，有效问卷回收率为 58%。在样本一的有效被试中，员工的年龄为 1~17 岁，平均年龄为 2.94 岁；男性有 65 人（56.03%），女性有 51 人（43.97%）；员工年龄在

30 岁以下的有 96 人 （82.76%），30 ~ 40 岁的有 16 人 （13.79%），40 岁以上的有 4 人 （3.45%）；员工学历大专及以下的有 19 人 （16.38%），本科及以上的有 97 人 （83.63%）；就职位级别而言，属于普通员工的有 69 人 （59.48%），属于基层管理者的有 23 人 （19.83%），属于中层管理者的有 14 人 （12.07%），属于高层管理者的有 10 人 （8.62%）；就工作性质而言，从事业务销售类的有 21 人 （18.10%），行政人事类的有 36 人 （31.03%），生产制造类的有 4 人 （3.45%），技术研发类的有 18 人 （15.52%），其他类的有 37 人 （31.90%）；公司 CEO 性别为男性的有 103 人 （88.79%），性别为女性的有 13 人 （11.21%）；公司 CEO 学历在大专及以下的有 15 人 （12.93%），本科的有 40 人 （34.48%），研究生及以上的有 61 人 （52.59%）。各样本企业的特征描述如表 4 - 1 所示。

表 4 - 1　样本一的企业特征分布

企业特征	分布	数量	比例 （%）
企业年龄	1 年以下	3	2.59
	1 ~ 3 年	15	12.93
	4 ~ 6 年	10	8.62
	7 ~ 10 年	14	12.07
	10 年以上	74	63.79
企业规模	50 人以下	22	18.97
	51 ~ 200 人	29	25.00
	201 ~ 500 人	17	14.66
	500 人以上	48	41.38
企业性质	行政事业单位	14	12.07
	国有企业	14	12.07
	外资 （含中外合资） 企业	29	25.00
	民营企业	51	43.97
	其他	8	6.9
所属行业	制造业	33	28.45
	服务业	23	19.83
	科技业	14	12.07
	零售业	11	9.48
	建筑业	12	10.34
	其他	23	19.83

样本二用于中国情境下创业型领导量表的验证性因子分析,我们先后选择了常州、上海等地的企事业单位开展问卷的发放活动。问卷同样采用 Likert 5 点计分法,其中"1"代表"非常不同意","5"代表"非常同意"。在问卷发放前,我们对参与问卷调查的员工都赠送了小礼品以表示感谢。在问卷的发放过程中,我们坚持当场发放、当场回收的原则,在企业相关负责人的帮助下将参加问卷填写的员工统一集合到会议室中,由研究者当场发放问卷,并告知填写者此次调查的匿名性和非商业性,使其能放心地填写问卷,确保了收集到数据的真实性和准确性。在员工填答完后,统一由研究者收回装入文件夹带回。第二轮问卷调查共发放问卷 250 份,剔除无效问卷后剩余有效问卷 181 份,有效问卷回收率为72.40%。在样本二的有效被试中,员工的年龄为 1 ~ 34 岁,平均年龄为 4.04岁;男性有 82 人(45.30%),女性有 99 人(54.70%);员工年龄在 30 岁以下的有 149 人(82.32%),30 ~ 40 岁的有 15 人(8.29%),40 岁以上的有 17 人(9.39%);员工学历大专及以下的有 24 人(13.26%),本科及以上的有 157 人(86.74%);就职位级别而言,属于普通员工的有 117 人(64.64%),属于基层管理者的有 36 人(19.89%),属于中层管理者的有 21 人(11.60%),属于高层管理者的有 7 人(3.87%);就工作性质而言,从事业务销售类的有 23 人(12.71%),行政人事类的有 69 人(38.12%),生产制造类的有 13 人(7.18%),技术研发类的有 10 人(5.52%),其他类的有 66 人(36.46%);公司 CEO 性别为男性的有 161 人(88.95%),性别为女性的有 20 人(11.05%);公司 CEO 学历在大专及以下的有 33 人(18.23%),本科的有 80 人(44.20%),研究生及以上的有 68 人(37.57%)。各样本企业的特征描述如表 4 - 2 所示。

表 4 - 2　样本二的企业特征分布

企业特征	分布	数量	比例(%)
企业年龄	1 年以下	3	1.66
	1 ~ 3 年	18	9.94
	4 ~ 6 年	26	14.36
	7 ~ 10 年	22	12.15
	10 年以上	112	61.88
企业规模	50 人以下	32	17.68
	51 ~ 200 人	41	22.65

企业特征	分布	数量	比例（%）
企业规模	201～500 人	23	12.71
	500 人以上	85	46.96
企业性质	行政事业单位	27	14.92
	国有企业	32	17.68
	外资（含中外合资）企业	25	13.81
	民营企业	84	46.41
	其他	13	7.18
所属行业	制造业	40	22.10
	服务业	39	21.55
	科技业	12	6.63
	零售业	14	7.73
	建筑业	19	10.50
	其他	57	31.49

样本三用于中国情境下创业型领导的效度检验。杨静和王重鸣（2013）对女性创业型领导的多水平影响效应研究指出，聚焦员工的女性创业型领导对员工的变革承诺具有显著的正向影响。Arshi 和 Viswanath（2013）通过研究发现创业型领导与企业的突破性创新有正相关关系。因此，为了验证创业型领导量表的预测效度，本书选择了员工变革承诺和企业的突破性创新作为预测变量。在本书中，员工变革承诺的测量工具来自 Herscovitch 和 Meyer（2002）[1] 开发的量表，此量表共 18 个题项，我们选取了反映员工情感性变革承诺的 6 个题项，典型题项如"我相信这次变革是有价值的""这次变革对组织而言是一个良好的战略"，这一量表的 Cronbach'α 的值为 0.955。突破性创新的测量工具采用孙永风等（2007）[2] 开发的量表，这一量表改编自 Ettlie 等（1984）[3] 对突破性创新的测

① Herscovitch L, Meyer J P. Commitment to organizational change: Extension of a three - component model [J]. Journal of Applied Psychology, 2002, 87 (3): 474 - 487.

② 孙永风，李垣，廖貅武. 基于不同战略导向的创新选择与控制方式研究 [J]. 管理工程学报，2007, 21 (4): 24 - 30.

③ Ettlie J E, Bridges W P, O'Keefe R D. Organization strategy and structural differences for radical versus incremental innovation [J]. Management Science, 1984, 30 (6): 682 - 695.

量，其信效度已得到了国内学者的广泛证实①。此量表共 4 个题项，典型题项如"能在企业和市场上引入全新的产品""能在企业创新中引入全新理念"，这一量表的 Cronbach' α 的值为 0.943。

本次调查先后在苏州、常州、无锡等地展开，问卷共包含四个部分，员工和公司 CEO 的基本信息、创业型领导量表、员工变革承诺量表以及突破式创新量表。采用 Likert 5 点计分法，其中"1"代表"非常不同意"，"5"代表"非常同意"。采用和前两轮一样的流程进行数据的收集。第三轮问卷调查共发放问卷230 份，剔除无效问卷后剩余有效问卷 147 份，有效问卷回收率为 63.91%。在样本三的有效被试中，员工的年龄为 1～27 岁，平均年龄为 2.57 岁；男性有 62人（42.18%），女性有 85 人（57.82%）；员工年龄在 30 岁以下的有 132 人（89.80%），30～40 岁的有 7 人（4.76%），40 岁以上的有 8 人（5.44%）；员工学历大专及以下的有 16 人（10.88%），本科及以上的有 131 人（89.12%）；就职位级别而言，属于普通员工的有 102 人（69.39%），属于基层管理者的有30 人（20.41%），属于中层管理者的有 13 人（8.84%），属于高层管理者的有 2人（1.36%）；就工作性质而言，从事业务销售类的有 20 人（13.61%），行政人事类的有 55 人（37.41%），生产制造类的有 11 人（7.48%），技术研发类的有 7 人（4.76%），其他类的有 54 人（36.73%）；公司 CEO 性别为男性的有 128人（87.07%），性别为女性的有 19 人（12.93%）；公司 CEO 学历在大专及以下的有 23 人（15.65%），本科学历的有 69 人（46.94%），研究生及以上学历的有55 人（37.41%）。各样本企业的特征描述如表 4 - 3 所示。

表 4 - 3　样本三的企业特征分布

企业特征	分布	数量	比例（%）
企业年龄	1 年以下	3	2.04
	1～3 年	17	11.56
	4～6 年	23	15.65
	7～10 年	16	10.88
	10 年以上	88	59.86

① 王永健，谢卫红，王田绘，等. 强弱关系与突破式创新关系研究——吸收能力的中介作用和环境动态性的调节效应 [J]. 管理评论，2016，28（10）：111 - 122.

续表

企业特征	分布	数量	比例（%）
企业规模	50 人以下	25	17.01
	51～200 人	35	23.81
	201～500 人	18	12.24
	500 人以上	69	46.94
企业性质	行政事业单位	19	12.93
	国有企业	25	17.01
	外资（含中外合资）企业	20	13.61
	民营企业	72	48.98
	其他	11	7.48
所属行业	制造业	34	23.13
	服务业	31	21.09
	科技业	10	6.80
	零售业	12	8.16
	建筑业	16	10.88
	其他	44	29.93

4.2.2　研究程序

本研究的样本用途如下：样本一的数据主要用于对创业型领导初始量表的探索性因子分析以及信度检验。通过对数据进行探索性因子分析后删减不合适的题项，确认创业型领导量表的结构，保留合适的测试项目并进行项目分析。样本二的数据用于中国情境下创业型领导的验证性因子分析，对创业型领导的量表结构进行验证。样本三用于中国情境下创业型领导的收敛效度、区分效度和预测效度检验。

研究采用现场发放和网络邮件两种方式收集数据。在调查之前，研究人员向参与者说明此次活动均用作学术研究并承诺对数据严格保密。每次问卷填写时间为 5～10 分钟。

4.2.3　研究工具

创业型领导初始量表：根据本书第 3 章关于创业型领导质化研究的结果，1 位具有组织行为学背景的商学院副教授和 3 名研究生以及 2 位具有多年工作经验的企业管理者共同对所得的 39 条核心条目进行修改和删减，最终选取 25 个题项作为创业型领导初始量表的项目，其中包含五个结构维度，分别是："审势相机""因势而动""构建网络""激情感召"和"激发创新"，这五个维度共同构成了中国情境下的创业型领导行为。

创业型领导修订量表：采用样本一的数据对初始量表进行结构探索后所得的量表。

员工变革承诺：采用 Herscovitch 和 Meyer（2002）开发的量表，此量表共 18 个题项。我们选取了反映员工情感性变革承诺的 6 个题项，典型题项如"我相信这次变革是有价值的""这次变革对组织而言是一个良好的战略"。这一量表的 Cronbach' α 的值为 0.955，满足心理学测量的基本要求。

突破性创新：采用孙永风等（2007）开发的量表，这一量表改编自 Ettlie 等（1984）对突破性创新的测量，其信效度已得到了国内学者的广泛证实（王永健等，2016）。此量表共有 4 个题项，典型题项如"能在企业和市场上引入全新的产品""能在企业创新中引入全新理念"。这一量表的 Cronbach' α 的值为 0.943，可以作为有效的研究工具使用。

以上领导行为、员工变革承诺、突破性创新的各种量表均采用员工评价的方式。所用测量工具在使用时均采用 Likert 5 级量表进行测量计分。其中 1 表示"非常不同意"，5 表示"非常同意"。

4.2.4　统计方法

本书采用 SPSS 22.0 和 LISREL 8.51 进行统计。使用探索性因子分析和验证性因子分析对创业型领导结构进行探索和验证；使用相关分析对创业型领导量表进行信度检验、区分效度检验、收敛效度检验；使用回归分析对创业型领导量表的预测效度进行检验。

4.3 研究结果

4.3.1 探索性因子分析

探索性因子分析是量表开发中必不可少的步骤，它可以对创业型领导的量表结构进行分析，为后续的验证性因子分析打下基础。探索性因子分析的主要目的是对研究变量进行降维处理，当量表的内部结构尚不清晰时，可以通过探索性因子分析发现变量背后的潜在构念[①]。在做探索性因子分析时，主要遵循以下几个原则：①探索性因子分析对样本数量有一定的要求，只有当数量较为充足时才能得到较为理想的结果。一般来说，研究要求进行探索性因子分析的样本总量要在100份以上。②在做探索性因子分析前要证明各维度具有关联性。若是维度间不存在关联，则无法从中提取公因子。SPSS 22.0中的Bartlett球形检验来验证其关联性，通过观察得到的χ^2、自由度以及P值确定量表是否适合做探索性因子分析。③KMO检验。KMO（Kaiser-Mayer-Olkin）检验是偏相关性检验，值越大表明变量间的共同因素越多。当KMO值大于0.9说明结果很好，大于0.8说明较好，大于0.7说明一般但尚可接受，一般而言我们要求KMO值大于0.7时才适合做探索性因子分析[②]。

本研究运用SPSS 22.0先对创业型领导量表的样本一数据进行Bartlett球形检验和KMO检验，结果表明，样本一的KMO值为0.95，大于0.7的标准，Bartlett球形检验的χ^2为3242.61，特征值为0.000，说明样本一的数据适合做探索性因子分析。此后，我们采用主成分分析法，通过最大方差旋转来提取特征根大于1的因素。根据得到的因子载荷值，我们对因子载荷低于0.4和在多个因素上的因子载荷大于0.35的题项予以删除[③]。将这些题项删除后，我们再次进行探索性因

① 侯杰泰，温忠麟，成子娟. 结构方程模型及其应用 [M]. 北京：经济科学出版社，2004.

② Sakaluk J K, Short S D. A methodological review of exploratory factor analysis in sexuality research: Used practices, best Practices, and data analysis resources [J]. Journal of Sex Research, 2017, 54 (1): 1–9.

③ Bryman A, Cramer D. Quantitative data analysis with SPSS for Windows: A guide for social scientists [M]. Routledge, 1997.

子分析，如此循环直至得到解释力较高的量表。最终，我们的创业型领导量表提取出了 5 个因子，共 17 个题项，其方差解释率为 67.183%，与我们设想的维度大致吻合，具体数据如表 4-4 所示。

表 4-4　探索性因子分析结果（$n = 116$）

项目	F1	F2	F3	F4	F5
Q1 他/她善于在行业竞争中洞察潜在机会和经营危机	0.530				
Q2 他/她常常从整体视角来思考问题	0.586				
Q3 他/她能通过多种渠道进行信息的收集	0.788				
Q6 他/她能与供应商、客户建立和保持良好的商业关系		0.581			
Q7 他/她能与政府部门建立良好的公共关系		0.784			
Q8 他/她能与同行业竞争者建立良好的竞争合作关系		0.621			
Q11 他/她会鼓励下属在工作方法上进行创新			0.796		
Q12 他/她会鼓励下属从多角度思考问题			0.789		
Q13 他/她会简化工作流程来释放下属的创造力			0.770		
Q14 他/她不会苛责因尝试创新而失败的下属			0.762		
Q15 他/她在处理问题时思想开放			0.716		
Q16 他/她对成功有着较为强烈的渴望				0.764	
Q19 他/她对工作充满热情				0.782	
Q20 他/她对公司的未来充满希望				0.703	
Q21 他/她能为了适应企业需求改变对自己的角色定位					0.534
Q22 他/她能按企业内部环境变化改变人力资源配置					0.707
Q23 他/她能充分利用资源进行机会开发					0.711

4.3.2　信度检验

信度是指采用同一种方法对同一个现象进行重复多次测量时，这些测量结果能在多大程度上保持一致。信度越高，就代表测量结果的一致性越高。信度分析最常用的指标是针对 Likert 式量表开发的 Cronbach'α 系数，当 Cronbach'α 大于统计分析一般所规定的 0.7 时，认为该量表具有较高的信度[①]。本书同样运用

---

① Nunnally, J. Psychometric Methods ［M］. New York：McGraw-Hill，1978.

SPSS 22.0 对样本一数据进行了信度分析，结果显示创业型领导的审势相机、因势而动、构建网络、激情感召、激发创新各维度的 α 值分别为 0.888、0.916、0.900、0.893、0.943，均大于 0.7 的标准，且删除其中任意一个题项后其 α 值都有所降低，整个创业型领导量表的 α 值为 0.940，这说明了创业型领导量表具有较高的信度。

4.3.3 验证性因子分析

运用探索性因子分析对中国情境下创业型领导量表的结构进行了初步的验证，但并不能完全保证整个量表的准确性，无法将其单独作为最终的结果。为了进一步了解创业型领导的内容结构，我们还要进行验证性因子分析来进一步的检验，以求对多个模型比较后得到最优模型。由于探索性因子分析与验证性因子分析的数据不能是同一批，我们使用样本二的数据来开展验证性因子分析。运用 LISREL 8.51 对量表进行验证性因子分析后可知，量表各题项的因子载荷均高于 0.5 的标准值，各类拟合指标也均达到理想标准（$\chi^2/df = 2.109$，$RMSEA = 0.078$，$CFI = 0.961$，$NFI = 0.929$，$NNFI = 0.951$，$GFI = 0.869$），创业型领导测量项目的因子载荷与测量误差如表 4 - 5 所示，其整体结构如图 4 - 1 所示。

表 4 - 5　创业型领导量表各个项目的因子载荷（$n = 181$）

项目编号	所属因子	因子载荷	误差
Q1	F1	0.864	0.253
Q2	F1	0.891	0.207
Q3	F1	0.895	0.198
Q6	F2	0.883	0.221
Q7	F2	0.852	0.274
Q8	F2	0.905	0.181
Q11	F3	0.890	0.207
Q12	F3	0.894	0.201
Q13	F3	0.853	0.273
Q14	F3	0.828	0.315
Q15	F3	0.865	0.252

续表

项目编号	所属因子	因子载荷	误差
Q16	F4	0.808	0.348
Q19	F4	0.934	0.127
Q20	F4	0.933	0.129
Q21	F5	0.869	0.245
Q22	F5	0.875	0.234
Q23	F5	0.841	0.292

注：因子代码 F1 为审势相机，F2 为构建网络，F3 为激发创新，F4 为激情感召，F5 为因势而动；以上因子载荷值以及测量误差均达到 0.001 显著水平。

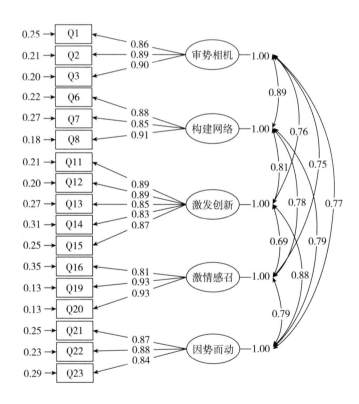

图 4 - 1　验证性因子分析结果（$n = 181$）

考虑到创业型领导的结构维度间可能存在融合的情况，我们在将预想的五维度模型即一阶五因子模型设为基准模型（M0）的基础上，设立了 6 个竞争模型。

其中，审势相机和因势而动合并为一个维度，形成一阶四因子模型（M1）；构建网络和因势而动合并为一个维度，形成一阶四因子模型（M2）；激情感召和激发创新合并为一个维度，形成一阶四因子模型（M3）；审势相机、因势而动和构建网络合并为一个维度，形成一阶三因子模型（M4）；审势相机、因势而动和构建网络合并为一个维度，激情感召和激发创新合并为一个维度，形成一阶二因子模型（M5）；最后将审势相机、因势而动、构建网络、激情感召、激发创新都合并为一个维度，形成一阶单因子模型（M6）。本书通过 LISREL 8.51 进行验证性因子分析，选取 χ^2（卡方）、df（自由度）、RMSEA（近似误差均方根）、NFI（规范拟合指数）、NNFI（非范拟合指数）、CFI（可比较拟合指数）、IFI（增值拟合指数）、GFI（拟合优度指数）等指标进行判别。通过比较可知，相比其他 6 个竞争模型，基准模型 M0 的各项指标数都是最优的，因此五维度的模型是最优模型，具体如表 4－6 所示。

表 4－6　竞争模型拟合情况比较（$n=181$）

模型	df	χ^2	χ^2/df	RMSEAA	NFI	NNFI	CFI	IFI	GFI
M0	109	229.84	2.109	0.078	0.929	0.951	0.961	0.961	0.869
M1	113	471.12	4.169	0.133	0.883	0.897	0.914	0.915	0.765
M2	113	417.38	3.694	0.122	0.891	0.906	0.922	0.913	0.786
M3	113	644.47	5.703	0.162	0.841	0.844	0.870	0.871	0.704
M4	116	514.43	4.435	0.138	0.869	0.884	0.901	0.901	0.748
M5	118	914.18	7.747	0.194	0.781	0.781	0.810	0.811	0.626
M6	119	1039.98	8.739	0.207	0.762	0.760	0.790	0.791	0.595

创业型领导是一个包含五维度的高阶概念，所以我们开展了二阶因子分析。在将各对应题项设置为一阶因子后，将各一阶因子共同设为二阶因子。运用 Mplus 7.0 运行相关程序进行二阶因子分析后显示，$\chi^2/df = 2.396$，$RMSEA = 0.088$，$CFI = 0.949$，$TLI = 0.939$，$SRMR = 0.046$，整个模型的各项指标均高于标准值。由此可知，"审势相机""因势而动""构建网络""激情感召""激发创新"各维度均从属于创业型领导的概念。

4.3.4　效度检验

量表的效度检验主要包括内容效度、结构效度（收敛效度和区分效度）以及预测效度。本书用样本三的数据来检验量表的效度。

内容效度方面，本书在开展中国创业型领导量表的质化研究中，运用科学严谨的经典扎根理论方法进行编码，在进行量表题项的挑选时，邀请了两位具有多年工作经验的企业管理者一起对创业型领导量表的题项进行评价，在评价时主要依据自身的理论知识和工作经验来判断题项的语句表达是否清晰、含义是否单一等。总体而言，本研究在量表编制的过程中保证了其具有较高的内容效度。

在收敛效度方面，本研究通过验证性因子分析得到创业型领导五个维度对应的 AVE 值，根据其是否大于 0.45 来判断量表的收敛效度（刘井建，2011）。适用 LISREL 8.51 对样本三的数据处理后发现，创业型领导量表各题项的因子载荷均大于 0.5 的标准值，达到了显著性水平，且五个维度的 AVE 值分别为 0.769、0.775、0.741、0.808、0.746，大于 0.45 的标准值，说明本研究开发的中国情境下的创业型领导量表具有较好的收敛效度。

在区分效度方面，本研究对创业型领导五个维度的相关系数进行计算，将得到的相关系数与各维度的 AVE 平方根值比较。计算结果表明，创业型领导各维度的 AVE 平方根值大于各维度相关系数，说明本量表具有较好的区分效度，具体数值如表 4－7 所示。

表 4－7　创业型领导各维度相关系数及 AVE 平方根值（$n = 147$）

	审势相机	因势而动	构建网络	激情感召	激发创新
审势相机	(0.877)				
因势而动	0.684 **	(0.864)			
构建网络	0.809 **	0.714 **	(0.880)		
激情感召	0.713 **	0.757 **	0.756 **	(0.898)	
激发创新	0.668 **	0.800 **	0.729 **	0.636 **	(0.861)

注：**表示 $p < 0.01$，对角线括号中为创业型领导各维度的 AVE 平方根值。

在预测效度方面，本研究基于样本三的数据，将员工的年龄、学历、工龄、司龄等作为控制变量，探究创业型领导对员工变革承诺和企业突破性创新的影响。我们在 SPSS 22.0 软件中运用层级回归法，分别将员工变革承诺和突破性创新对创业型领导进行回归。回归结果表明，在对控制变量进行控制后，创业型领导对员工变革承诺有显著的正向影响（$\beta = 0.762$，$p < 0.001$）；创业型领导与突

破性创新有显著的正向相关关系（$\beta = 0.730$，$p < 0.001$），具体结果如表 4 - 8 所示。这与杨静和王重鸣（2013）、Arshi 和 Viswanath（2000）所得到的研究结论具有一致性，表明了本研究开发的量表具有较好的预测效度。

表 4 - 8　创业型领导的预测效度检验（$n = 147$）

变量	员工变革承诺		突破性创新	
	模型 1	模型 2	模型 3	模型 4
控制变量				
性别	0.184 *	0.039	0.074	- 0.066
年龄	0.050	- 0.059	0.062	- 0.042
学历	0.012	0.014	- 0.044	- 0.043
职级	0.054	0.082	- 0.022	0.005
直接效应				
创业型领导		0.762 ***		0.730 ***
R^2	0.032	0.588	0.010	0.520
ΔR^2		0.555 ***		0.510 ***
F 值	1.192	40.186 ***	0.355	30.553 ***

注：* 表示 $p < 0.05$，** 表示 $p < 0.01$，*** 表示 $p < 0.001$。

综上所述，本研究开发的中国情境下创业型领导测量量表的各类效度都得到了较好的验证。

4.4　分析与讨论

4.4.1　中国情境下创业型领导的概念与结构

回顾以往文献，创业型领导的概念内涵尚未形成统一认知，国内学者在进行中国本土化创业型领导实证研究时大多选用或者改编来自西方学者基于西方情境下编制的创业型领导量表，这些量表无法体现中国本土的创业型领导行为特征，不利于创业型领导本土化研究的后续发展。因此，本研究在梳理与评述国内外创业型领导研究的基础上，初步编制了中国情境下创业型领导的测量量表，分别运用探索性因子分析、验证性因子分析及信效度检验来检验初步形成的创业型领导量表，经过删减、合并等操作最终得到包含 17 个题项的创业型领导本土化量表。

4.4.1.1　审势相机

审势相机指领导者具有大局观，能及时洞察经营机会和危机，从多渠道收集信息，善于分析形势环境，对未来有正确预测。以往相关研究都指出创业型领导在审视环境、预测未来方面的重要作用，例如 Gupta 等（2004）提出的"构建挑战"、Hejazi 等（2012）提出的"战略因素"及杨静等（2013）提出的"变革心智"均强调了洞察环境变化、准确分析形势以预测机遇与威胁这一特征。本书发现，中国情境下的"审势相机"不只包含上述内容，还指领导者在思考问题时要具有大局观、整体观，注重"势"的影响。"不谋全局者不能谋一域"充分说明了中国传统哲学崇尚整体论观点，提倡综合、多方面、全局性地思考问题。由此，审势相机是中国组织情境下创业型领导行为中不可缺少的部分。

4.4.1.2　因势而动

因势而动指领导者具有角色能动性，可根据情况变化制定目标、灵活决策，察觉机会后能充分利用。"因势而动"这一维度在现有测量量表中都没有提及，是中国本土情境下创业型领导的一个独特特征。该维度体现了创业型领导对"势"的把握和利用，着重描述了领导者善于审时度势，懂得变通与取舍，时刻保持当机立断的行为倾向。换言之，创业型领导能根据不断变化的形势灵活地做出决策，为实现创业机会的开发和利用提供更多可能性，最终实现战略性价值创造（刘追等，2015）。正如古语中提到的"君子谋时而动，顺势而为"，与"能按企业内部环境变化改变人力资源配置"等题项一脉相承。因此，"因势而动"能作为中国情境下创业型领导的关键维度，且具有鲜明的本土化特色。

4.4.1.3　构建网络

构建网络指领导者善于利用人际交往手段和客户、供应商、政府部门、合作者保持良好关系，并能处理好已不再有益的关系。该维度与先前多数学者提出的"整合关系""路径清晰"等维度涉及的内容具有较高的重叠性，都凸显了创业型领导者构建互利共赢的商业生态网络的必要性（杨静等，2013）。创业型领导基于自身人际沟通能力，通过积极与外部行动者进行事项对接，构建优良的商业网络关系来拓宽外部资源渠道，进而整合有效信息与资源、进行大量共享活动行为并实现创业活动平稳开展。鉴于此，在评估创业型领导时，构建网络势必成为一个不容忽视的核心要素。

4.4.1.4　激情感召

激情感召指领导者自身拥有的成功渴望、工作热情、宏大愿景，并对下属工作产生激励作用。本研究发现"激情感召"这一维度与Gupta等（2004）研究中的"建立承诺"、Hejazi等（2012）研究中的"激励因素"内涵基本一致，都说明创业型领导者能通过构建愿景和创业能力来促使下属对其产生信任，从而激发员工展现更多潜力。除此之外，本研究发现中国情境下的"激情感召"既具有更为丰富的内涵意义，还包含了领导要通过与员工的沟通互动来向员工传达自己的精神，激发员工的工作热情。领导与员工间的有效沟通互动不仅能及时减少或化解矛盾冲突，还能引导下属形成诸如敢于承担挑战性工作、积极追求高标准业绩等价值导向（刘追等，2015），以此激励下属提高工作主动性。

4.4.1.5　激发创新

激发创新指领导者突破常规思维界限，鼓励员工尝试多种工作方法，以多角度思考问题，合理授权以激发创造力。综观以往文献，该维度与"阐明约束""培育创新"等维度相对应（Gupta et al. , 2004；杨静等，2013），与西方学者对创业型领导的剖析在内容上高度一致，都展现了激发创新的重要性。实际上，创业型领导的影响方式倾向于通过先进的创业思想与创业行为来获取下属的信任与追随，其影响动机在于鼓励下属思考并提出新构想，促使其尝试新兴的工作方式，通过营造组织创新氛围来应对纷繁复杂的外部环境，提升组织竞争力，最终实现组织的可持续发展。

4.4.2　理论贡献与实践启示

本研究具有一定的理论贡献。经过科学严谨的量表开发程序，本研究开发出了中国情境下创业型领导测量量表，丰富了创业型领导的本土化研究。在以往的中国情境下的创业型领导研究中，量表也是沿用国外开发的测量量表，不利于创业型领导本土化研究的后续展开。王弘钰等（2018）指出，为了给创业型领导在中国的发展方面提供更好的支持，后续研究可以基于具有"扎根精神"的扎根理论方法开发适用于中国创业型领导的本土化量表。本研究的结论正是对王弘钰等（2018）所提出建议的呼应，通过扎根理论构建本土化创业型领导的维度模型后，运用数据处理软件进行探索性因子分析对题项进行删减、添加、修正，并利用验证性因子分析检验其模型的合理性，最终形成了具有较好信度和效度的创业型领导本土化测量量表，为后续开展中国情境下创业型领导的实证研究提供了可靠的测量工具。

在当前的经济大环境下，企业对经济的良性发展具有重要的推动作用。然而，外部环境的不确定性使企业间的竞争加剧，当前土地、资本等要素成本持续维持在高位，资源、环境约束日趋严峻，企业面临招工难、融资难、用工贵、融资贵等问题，使企业面临较大的生产经营压力。对企业管理者来说，如何提升企业对不确定性环境的适应性，进行战略价值创造并创造新的商业模式就变得越来越重要。创业型领导作为一种结合了创业理论和领导理论的新型领导方式，被认为是组织获得竞争优势的关键驱动因素，创业型领导的相关研究对创业的成功具有很大的实践意义。本研究将质化研究和量化研究方法相结合，开发出的中国情境下创业型领导测量量表可以广泛应用于企业的管理实践，帮助企业了解创业型领导行为的本质，并且根据创业型领导的结构模型来挑选、培训创业型领导，当企业认为当前组织中的创业型领导行为不明显时，可以对照创业型领导的五个维度对领导者进行相应的培训，为中国企业的创业型领导实践提供参考。

4.4.3　研究不足与未来展望

本研究还存在以下不足之处有待改进：第一，本书的样本收集时间间隔较为密集，且都属于横截面数据且由员工进行填答，可能存在同源方法偏差的问题，在今后研究中可尽量采用纵向研究设计，分时间段对数据进行采集，以降低同源方法偏差的可能性。第二，本书在选取预测变量时，分别选取了员工层面的变量和企业层面的变量，没有考虑到可能存在的跨层影响，未来的研究应尽可能地运用跨层次分析法探讨创业型领导对个体、团队和组织水平的多水平影响机制。第三，本研究采用问卷调查方法收集数据，方式比较单一。另外，在对于企业相关绩效方面的数据获得方面，本研究采用的是被调查者的主观评价，而忽视财务报表等客观数据，使得最终的数据缺乏一定的说服力。未来研究可以运用实验法或实地观察法对创业型领导的行为进行深入研究。

4.5 研究小结

本研究先后在多家企业进行了调查，从预试到开发量表的过程，一共获取了3组样本。基于三次问卷调查的数据样本，本研究运用SPSS 22.0及LISREL 8.51等软件，对创业型领导的初始量表开展了探索性因子分析、信度检验、验证性因子分析和效度检验，通过一系列严谨的量表开发流程，最终发展出了一个包括五维度的创业型领导本土测量量表。本书得出以下结论：

第一，创业型领导结构包括五维度，包括审势相机、因势而动、构建网络、激情感召和激发创新。这五个维度之间存在一个高阶的共同构念，即创业型领导。这一结果验证了质化研究所归纳出的结构维度。

第二，本研究所建构的创业型领导量表共有17个题项，项目清晰明确。通过探索性因子分析、验证性因子分析、层级回归等方法对量表的内部一致性信度、内容效度、收敛效度和区分效度进行检验。最终得到的量表具有较高的信度和效度，可以作为有效的测量工具，供以后相关的研究使用。

第三，在检测创业型领导的预测信度时，本研究选取员工的变革承诺和企业的突破性创新作为预测变量。通过多层次回归分析，得出创业型领导正向影响员工的变革承诺；创业型领导与企业突破性创新呈现显著的正向关系。

第5章 创业型领导与新创企业成长的 关系：双元创业学习与 组织冗余的作用

5.1 引言

在"大众创业、万众创新"的新时代背景下，随着各类高新技术产业开发区和经济开发区的建立以及一系列政府优惠政策的出台，我国的创业环境不断完善。据《全球创业观察 2018/2019 中国报告》显示，我国创业环境的综合评价在 G20 经济体中排名第六，处于靠前位置。外界环境的改善为新创企业的产生提供了便利条件，促进了其蓬勃发展。新创企业被视为经济发展的"源头活水"，不仅有助于创造就业岗位，而且是我国经济发展的重要驱动力，同时还能够为社会的和谐稳定注入一股正能量[1]。然而，伴随着创业活动数量的增加，新创企业也面临着合法性不足、商业模式不健全等诸多问题，导致新创企业失败率较高[2]。在此背景下，如何使新创企业生存并保持高成长性成为我国创业实践中亟待解决的现实问题。

就目前来看，现有研究主要从创业者、创业团队、企业战略选择、企业资源

---

① 王勇．组织韧性、战略能力与新创企业成长关系研究［J］．中国社会科学院研究生院学报，2019，229（1）：68-77．

② 张秀娥，徐雪娇．创业学习与新创企业成长：一个链式中介效应模型［J］．研究与发展管理，2019，31（2）：11-19．

以及外部环境等方面来探究新创企业的成长问题①。创业者作为新创企业中战略目标的制定者和实施者，是创业研究关注的重点。以往研究主要集中于对创业者个人特质和新创企业成长关系的探讨，相对忽视创业者在创业过程中的重要性②。但有研究指出应从创业者的创业行为出发，进一步探究创业者在新创企业成长中的关键作用③。创业型领导作为一种新型领导风格，兼具成功创业者和领导者的特征，能够为下属构建愿景并动员、号召下属进行战略价值创造，同时能够影响和指引企业员工识别和开发创业机会来获得竞争优势，在企业成长过程中扮演着重要角色（王弘钰和刘伯龙，2018）。那么，创业型领导是否会对新创企业成长产生影响？其内在作用机制和边界条件又是什么？

创业型领导通过构建网络与外界积极联系，能够获得大量隐形资源，然而新创企业只有进一步消化、吸收这些隐形知识才能获得成长和发展，也就是说创业型领导促进新创企业成长在很大程度上取决于企业内部的学习活动（张翔和丁栋虹，2016）。鉴于组织学习活动是新创企业成长的重要方式，有学者将其应用于创业研究领域并提出了创业学习这一概念（Politis，2005）。创业学习贯穿于新创企业成长的各个阶段，体现在创业者和新创企业两个方面④。在此基础上，有学者将组织双元理论应用于创业学习研究，提出"双元创业学习"概念并将其分为利用式创业学习和探索式创业学习两种类型（朱秀梅等，2014）。利用式创业学习是指新创企业对已有知识的利用和整合，而探索式创业学习是指新创企业对新知识的获取与运用（朱秀梅等，2014）。以往研究认为创业型领导在组织学习过程中扮演着重要角色，当创业型领导构建社会网络时，能够显著促进创业学习活动，进而提升新创企业绩效（张翔和丁栋虹，2016）。由此，本研究拟引入双元创业学习作为中介变量来进一步探究其在创业型领导和新创企业成长之间发挥的传导作用。

回顾相关文献，在探讨新创企业成长时，几乎所有研究者都强调了资源的重

① 张玉利，杨俊，戴燕丽. 中国情境下的创业研究现状探析与未来研究建议 [J]. 外国经济与管理，2012，34（1）：1-9.

② 徐占东，陈文娟. 大学生创业特质、创业动机及新创企业成长关系研究 [J]. 科技进步与对策，2017，34（2）：51-57.

③ Hitt M A, Haynes K T, Serpa R. Strategic leadership for the 21st century [J]. Business Horizons, 2010, 53（5）：437-444.

④ Cope J. Entrepreneurial learning from failure: An interpretative phenomenological analysis [J]. Journal of Business Venturing, 2011, 26（6）：604-623.

要性，企业资源必然会影响企业成长和发展过程。作为企业内部潜在的可利用资源，组织冗余是影响企业创建、发展进程中的一个重要因素①。当新创企业具备充足的组织冗余时，能够为企业的内外部环境变化提供资源缓冲，减少环境冲击对新创企业带来的危害（Bourgeois，1981）。创业型领导能够利用多余的企业资源鼓励下属识别和开发创业机会，增强抵御风险的能力，进而促进新创企业成长（王弘钰和刘伯龙，2018）。此外，越来越多的研究者发现已吸收冗余和未吸收冗余在新创企业成长进程中的作用是不同的（李妹和高山行，2014）②。因此，本研究将进一步探讨已吸收冗余和未吸收冗余在创业型领导和新创企业成长关系间的调节作用。

综上所述，本研究将探讨创业型领导与新创企业成长间的关系，并考察双元创业学习的中介作用以及组织冗余的调节作用，以期打开创业型领导影响新创企业成长的"黑箱"，厘清创业型领导影响新创企业成长的边界条件，为促进新创企业成长提供理论依据与实践参考。

5.2 研究假设

5.2.1 创业型领导对新创企业成长的影响

创业型领导是通过影响员工来获得战略性管理资源的能力，注重寻求创业机会和企业优势的行为（王弘钰和刘伯龙，2018），包括审势相机、因势而动、构建网络、激情感召、激发创新五个维度（陈奎庆等，2019）。作为融合创业精神和领导力的领导方式，创业型领导是组织应对不确定环境、获取可持续发展竞争力的重要驱动因素（王弘钰和刘伯龙，2018）。已有研究表明创业型领导会对组织成长和发展产生重要影响（陈奎庆等，2017）。

新创企业这一概念来源于英文 New venture 和 Start – up，国内学者将之翻译

① 高山行，李妹，江旭. 能力二元性对企业竞争力的影响研究——组织冗余的调节效应［J］. 科学学与科学技术管理，2015，36（5）：137 – 147.
② 李妹，高山行. 环境不确定性、组织冗余与原始性创新的关系研究［J］. 管理评论，2014，26（1）：47 – 56.

成新创企业。关于新创企业的含义，学者多从企业生命周期和企业经营时间两个角度进行界定。新创企业是指未达到成熟期之前的企业（Busenitz et al.，2014）或成立时间不满 8 年的企业（Batjargal et al.，2013）。在新创企业研究领域的创业者，领导风格作为影响新创企业成长的诸多因素之一，已经被证实能对新创企业成长产生影响（Swiercz 和 Lydon，2002）。作为一种新型领导方式，创业型领导兼具领导者特征和创业者特征，有助于新创企业在激烈的市场竞争中不断成长（杨静，2012）。

第一，创业型领导能够及时洞察环境变化、准确分析形势以预测机会和危机。新创企业在外部环境中面对着富有经验的竞争对手（Zahra 和 Bogner，2000）[①]、强势的供应商[②]、新进入障碍等挑战（Ensley et al.，2002），内部还存在资源稀缺等困境[③]。创业型领导可以对内外环境进行整体性的考量，综合考虑"势"的影响和企业的"新生劣势"，寻求和创造新创企业成长的机会，对成长方向做出合理的预测。

第二，创业型领导能够充分利用已察觉的机会，制定动态目标，灵活决策。仅有对"势"的预测远远不够，如何及时把握和利用"势"才是新创企业克服新生劣势得以生存的关键。创业型领导具有迅速行动的品质，敢于竞争并且面对市场机会时能够主动行动（Lumpkin 和 Dess，1996）。在此过程中，新创企业能更好地把握和利用机会，根据变化的形势不断做出灵活决策，对成长路径制订详细的目标规划。

第三，创业型领导能够与外界积极联系，从而占据行业中的有利位置。网络可以帮助新创企业获取技术、市场、客户信息，以及一些成功或失败的经验[④]。一方面，构建网络所获取的资源往往是其他竞争对手难以模仿且取代的，有助于企业竞争优势的提升[⑤]；另一方面，这种获取资源的方式还具备成本效率，可以

① Zahra S A, Bogner W C. Technology strategy and software new ventures' performance：A study of corporate - sponsored and Independent Biotechnology Ventures ［J］. Journal of Business Venturing, 2000, 15（2）：135 – 173.

② Delmar F, Shane S. Legitimating first：Organizing activities and the survival of new ventures ［J］. Journal of Business Venturing, 2004, 19（3）：385 – 410.

③ Townsend D M, Busenitz L W, Arthurs J D. To start or not to start：Outcome and ability expectations in the decision to start a new venture ［J］. Journal of Business Venturing, 2010, 25（2）：192 – 202.

④ 林嵩，姜彦福. 创业网络推进创业成长的机制研究 ［J］. 中国工业经济，2009（8）：109 – 118.

⑤ Gulati R, Gargiulo M. Where do interorganizational networks come from? ［J］. American Journal of Sociology, 1999, 104（5）：1439 – 1493.

在较短的时间内以较低成本获取多元化的竞争资源①。构建网络既改善了新创企业资源稀缺的现状，又降低了获取资源的成本，是推动新创企业快速成长的一种重要途径。

第四，创业型领导向员工传达自身精神，激发员工的工作激情。创业激情与驱动力、韧性、乐意长时间工作、勇气、高自觉性以及面对困难时的毅力有关②，领导者自身的创业激情能促使员工付出更多的努力③，进而对新创企业的成长产生影响④。因此，创业型领导在与员工的沟通互动中⑤，凭借自身的创业精神感召员工，进而对员工个体的主动性和企业绩效产生积极作用。

第五，创业型领导鼓励下属突破思维界限，尝试多种工作方式。在对下属进行"激情感召"的基础上，鼓励员工将创业热情付诸实践，产生能够为企业创造战略价值的行为。创业型领导者多鼓励团队采用创造性的方法解决问题，激发追随者的创新行为（Renko et al.，2015）。而创新性较强的新创企业可以创造更多、更优的价值⑥，有助于在动荡环境下把握潜在机会、创造价值和促进成长（Lumpkin 和 Dess，1996）。基于此，本书提出以下假设。

H1：创业型领导对新创企业成长具有显著的正向影响。

5.2.2　创业型领导对双元创业学习的影响

创业学习指创业者在创业过程中为反思以往的认知失误、总结经验、获取资源而开展的学习活动⑦。创业学习有利用式创业学习和探索式创业学习两种基本形式，前者是新创企业对现有知识的精炼、筛选、生产、执行的学习过程；后者是新创企业通过不断搜寻、变化、冒险、实验、创新方式进行学习的过程（彭伟

---

①　Zhao L, Aram J D. Networking and growth of young technology – intensive ventures in China ［J］. Journal of Business Venturing, 1995, 10 (5)：349 –370.

②　Bierly P E, Kessler E H, Christensen E W. Organizational learning, knowledge and wisdom ［J］. Journal of Organizational Change Management, 2000, 13 (6)：595 –618.

③　Cardon M S, Wincent J, Singh J, et al. The nature and experience of entrepreneurial passion ［J］. Academy of Management Review, 2009, 34 (3)：511 –532.

④　周键. 创业激情对创业成长的影响及作用机制研究 ［J］. 科学学与科学技术管理, 2016, 37 (12)：82 –91.

⑤　Stuart R, Abetti P A. Start – up ventures：Towards the prediction of initial success ［J］. Journal of Business Venturing, 1987, 2 (3)：215 –230.

⑥　Wang C L. Entrepreneurial orientation, learning orientation, and firm performance ［J］. Entrepreneurship Theory and Practice, 2008, 32 (4)：635 –657.

⑦　陈文婷, 李新春. 中国企业创业学习：维度与检验 ［J］. 经济管理, 2010 (8)：63 –72.

等，2018）。利用式创业学习侧重于企业内部的知识开发和整合，探索式创业学习则侧重于企业外部的新知识获取（林琳和陈万明，2016）。以往研究表明领导方式对于利用式创业学习和探索式创业学习具有重要作用[①]，因此，本书推测创业型领导对利用式创业学习和探索式创业学习有重要影响。

具体来看，一方面，创业型领导会主动与员工分享愿景，并且基于实现愿景为员工设定目标，使员工明确企业对其的要求和期望，激发学习的动力，有利于员工确定学习的目标（张翔和丁栋虹，2016），进而促进利用式创业学习。此外，创业型领导自身具有不断学习的领导特质，在组织中更加注重获取知识、管理知识以及营造创业学习氛围（王弘钰和刘伯龙，2018），鼓励员工基于企业目前的知识存量，对现有信息、资源和知识进行更新和完善，改进现有产品和服务，推动新创企业进行利用式创业学习（林琳和陈万明，2016）。另一方面，创业型领导通过构建创新环境，激发员工的主动创新行为和积极性。知识学习是产生创新的前因，员工为了更好地进行创新就需要不断地搜寻新颖的、异质性的知识资源，从而持续地发现新机会，培育和研发新技术、新产品（王弘钰和刘伯龙，2018）。此外，创业型领导会鼓励企业员工进行独立思考和挑战自我，并且会主动承担起企业员工在自我挑战过程中带来的风险和损失，提高新创企业进行探索式创业学习的主动性和积极性（张翔和丁栋虹，2016）。基于此，本书提出以下假设。

H2a：创业型领导对利用式创业学习具有显著的正向影响。

H2b：创业型领导对探索式创业学习具有显著的正向影响。

5.2.3 双元创业学习对新创企业成长的影响

创业学习是获取新创企业成长所需的各种独特知识，也是促进新创企业成长的有效手段[②]。新创企业可通过双元创业学习即利用式创业学习和探索式创业学习，更好地协调短期与长期目标，从而获得可持续性成长[③]。新创企业不仅需要通过利用式创业学习对已获得的各种知识和信息进行挖掘和应用

---

① 朱秀梅，肖雪. 变革领导力与双元创业学习：雇员创造力的中介作用研究 [J]. 社会科学战线，2014（8）：254－256.

② 于晓宇. 创业失败研究评介与未来展望 [J]. 外国经济与管理，2011，33（9）：19－26.

③ 葛宝山，谭凌峰，生帆，等. 创新文化、双元学习与动态能力关系研究 [J]. 科学学研究，2016，34（4）：153－163.

以获取短期效益，还需要进行探索式创业学习开发新的知识资源取得长远效益。

利用式创业学习是对现有知识和能力的深度挖掘，旨在推进现有产品运作方式的确定性、常规性以及相关性发展。具体来看，一方面，利用式创业学习基于现有知识存量，更新和完善现有信息、资源和知识，能够实现对现有产品或服务上的改进，以较低成本和风险促进新创企业成长（林琳和陈万明，2016）。另一方面，通过利用式创业学习，新创企业能够在内部逐渐形成良性的互动机制，能够在面对未知的需求、变化、挑战或非常规情境时做出适当反应，加强新创企业的竞争优势，进而实现新创企业的成长（朱秀梅等，2014）。

探索式创业学习是企业进入全新领域追求新知识的过程，目的是获取并应用更新颖、更多样化的知识（林琳和陈万明，2016）。一方面，新创企业通过探索性创业学习获得的异质性、非冗余的新知识能够为企业提供较多试验创新的机会，增强企业内部员工创新的主动性，对企业技术创新以及成长绩效的提升具有显著的促进作用（彭伟等，2018）。另一方面，企业通过探索式创业学习还能够创造性地应用从外部获取的知识，促进新产品或新技术的研发，从根本上推动外部新知识转化为新创企业竞争优势，加快新创企业成长速度（朱秀梅等，2014）。基于此，本书提出以下假设。

H3a：利用式创业学习对新创企业成长具有显著的正向影响。

H3b：探索式创业学习对新创企业成长具有显著的正向影响。

5.2.4 双元创业学习的中介作用

上文的分析论述了创业型领导通过利用式创业学习和探索式创业学习推动新创企业成长的逻辑关系。创业型领导由于具有不断学习的特点，往往能够营造良好的组织创业学习氛围，鼓励员工对现有知识进行深入的挖掘与利用，从而促进企业进行利用式创业学习。而利用式创业学习能够改进现有产品或服务，形成企业获取竞争优势的互动机制，实现新创企业的成长。同时，创业型领导通过构建网络、激发创新鼓励员工学习新颖的、异质的知识，从而促进企业进行探索式创业学习。新创企业创造性地应用这类知识以增强研发能力并形成竞争优势，促进新创企业更好地成长。基于此，本书提出以下假设。

H4a：利用式创业学习在创业型领导对新创企业成长的影响中发挥中介作用。

H4b：探索式创业学习在创业型领导对新创企业成长的影响中发挥中介作用。

5.2.5　组织冗余的调节作用

组织冗余是一种过量的、能自由利用的企业资源（Bourgeois，1981），分为两种类型：已吸收冗余与未吸收冗余[①]。基于资源基础观，企业组织冗余的差异会影响创业型领导的实施，进而影响企业的成长[②]。现有实证研究表明，创业型领导在许多方面对新创企业成长具有积极作用，但其有效性可能会受到组织冗余的影响。

已吸收冗余是指企业已经作为成本吸收，不容易重新配置的资源（Bourgeois，1981）。代理学派认为已吸收冗余是企业的一种浪费，会阻碍企业的成长[③]。一方面，创业型领导是一种强调突破当前的资源和能力限制的领导方式，要想发挥创业型领导的作用就必须要对企业的资源进行充分利用（李华晶和张玉利，2006）。而已吸收冗余作为一种固化资源，资产专用性强、黏性较大，不容易被用在其他用途上，所以很难在创业型领导促进新创企业成长的过程中发挥积极作用（李姝和高山行，2012）。另一方面，新创企业在初期拥有的资源较为匮乏，在资源有限的情况下，持有过量的已吸收冗余资源必然会挤占企业的生产性资源。在这种情况下，当创业型领导实施决策促进新创企业成长时，已吸收冗余不能够有效发挥作用，反而会使企业的获利能力下降，不利于企业的未来成长[④]。

不同于已吸收冗余，未吸收冗余是组织还没有被投入使用的资源，更容易重新配置到其他方面，具有较高的管理判别性。组织学派认为，未吸收冗余能够解决组织内部因资源稀缺而产生的一系列问题，并对组织环境变动具有缓冲作

①　Singh J V, House T R J. Organizational legitimacy and the liability of newness [J]. Administrative Science Quarterly, 1986, 31 (2)：171 - 193.

②　Mintzberg H, Ahlstrand B W, Lampel J, et al. Strategy bites back：It is a lot more, and less, than you ever imagined [M]. Pearson Education, 2005.

③　Jensen M C, Meckling W H. Theory of the firm：Managerial behavior, agency cost, and ownership structure [J]. Journal of Financial Economics, 1976 (3)：305 - 360.

④　邹国庆，倪昌红. 经济转型中的组织冗余与企业绩效：制度环境的调节作用 [J]. 中国工业经济，2010 (11)：120 - 129.

用①。一方面，未吸收冗余能够为组织提供探索新的异质性资源，加深企业外部搜索的深度和广度进而增进创新②。未吸收冗余与其他资源不同，由于没有被企业吸收利用，较容易被察觉，而且可以用于多种用途（Ju 和 Zhao，2009），所以能够在创业型领导推动新创企业成长的过程中发挥积极作用（李妹和高山行，2012）。另一方面，创业型领导通过构建网络等方式获寻市场机会的同时，也会增加新创企业的经营风险，而未吸收冗余作为缓冲剂能够有效地降低风险，使企业的核心技术免受内外部环境变化的影响。在这种情况下，创业型领导更容易通过激发创新和构建网络促进新创企业成长（陈奎庆等，2019）。基于此，本书提出如下假设：

H5a：已吸收冗余负向调节创业型领导与新创企业成长之间的正向关系。

H5b：未吸收冗余正向调节创业型领导与新创企业成长之间的正向关系。

综上，本书的理论模型如图 5 - 1 所示。

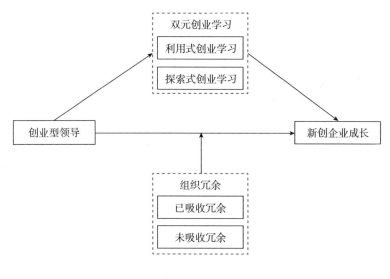

图 5 - 1　理论模型

---

①　Tan J, Peng M. Organizational slack and firm performance during economic transitions: Two studies from an emerging economy [J]. Strategic Management Journal, 2003, 24 (13): 1249 - 1263.

②　孙婧，沈志渔. 权变视角下外部搜索对产品创新绩效的影响：组织冗余的调节作用 [J]. 南方经济，2014 (9): 1 - 13.

5.3 研究方法

5.3.1 样本选取与数据收集

为验证上文提出的研究假设，本研究采用问卷调查法来收集数据，分为现场发放问卷和网络发送问卷两种方式。在样本选取方面，本研究选择成立年限不超过 10 年的新创企业。

课题组通过现场发放和网络发放两种方式共发放问卷 300 份，最终收回有效问卷 188 份，有效问卷回收率达 62.667%。在问卷调查过程中，为确保收集到的信息和数据具备较高的可信性，本研究要求新创企业管理者填答调查问卷。收回的 188 份有效问卷中，将近 90%（166 份）的问卷由新创企业中高层管理者填写。有效样本的基本信息如表 5-1 所示。

表 5-1 子研究三有效样本的基本信息（$n = 188$）

样本特征	特征分布	样本数量	所占比例（%）
企业年龄	1~3 年	40	21.276
	4~6 年	71	37.766
	7~8 年	51	27.128
	9~10 年	26	13.830
企业规模	20 人以下	40	21.277
	21~50 人	34	18.085
	51~100 人	33	17.553
	101~200 人	34	18.085
	201~500 人	30	15.957
	501~1000 人	12	6.383
	1000 人以上	5	2.660
问卷填答人职位	基层管理者	22	11.702
	中层管理者	103	54.787
	高层管理者	63	33.511

续表

样本特征	特征分布	样本数量	所占比例（%）
技术领域	电子信息	31	16.489
	机械制造	34	18.085
	新材料新能源	42	22.340
	生物医药	30	15.957
	食品化工	24	12.766
	其他行业	27	14.362
企业所在地	长三角	117	62.234
	珠三角	36	19.149
	京津冀	35	18.617

根据 Kiss 和 Barr（2014）对新创企业的认定标准，将 10 年以下的企业界定为新创企业。有 40 家企业创建时间不超过 3 年，成立年限处于 4~6 年的企业占比超过 1/3，51 家企业成立时间在 7~8 年，9~10 年的企业占比最少，仅有 26 家。从企业规模来看，40 家企业的员工人数在 20 人以下，大部分样本企业（75% 左右）的员工人数不超过 200 人。从行业类型来看，有 42 家（20% 左右）新材料新能源企业，电子信息、机械制造、生物医药类企业各占比 15% 左右。样本中有 60% 左右的企业来自创新创业活动较为活跃的长三角，另外还有来自珠三角和京津冀的企业，调查样本选自长三角、珠三角以及京津冀地区，具有一定的代表性。

5.3.2 偏差检验

由于调查样本来自长三角、珠三角和京津冀，本研究对不同地区的样本开展 F 检验，发现不同地区的新创企业在企业年龄、企业规模等变量上并不存在显著差异，表明来自不同地区的样本能够合并使用。

为检验问卷调查过程中是否存在非回应偏差问题，确保回收问卷具有足够代表性。本研究采用 Armstrong 和 Overton（1977）[①] 推荐的方法，将收回的问卷分为有效样本组和无效样本组，并对两组样本进行独立样本 T 检验，发现两组样本在企业年龄、企业规模等变量上不存在显著差异，表明本研究的调查问卷过程中

---

① Armstrong J S, Overton T S. Estimating nonresponse bias in mail surveys [J]. Journal of Marketing Research, 1977, 14 (3): 396 – 402.

不存在显著的非回应偏差问题。

在本研究问卷调查过程中，发放到每家新创企业的问卷都是由该企业的一名受访者填答的，可能产生共同方法偏差问题，进而影响到结论的效度问题，因此要检验是否存在共同方法偏差问题。本研究采取了 Harman 的单因子检验法，将所有变量进行最大方差旋转，进行探索性因子分析，提炼的因子数目与本研究构建的测量指标体系相吻合，不存在一个共同因子能够解释测量指标的大部分方差。除此之外，为进一步检验是否存在共同方法偏差问题，本研究还进行了验证性因子分析，通过构建一个单因子测量模型，把所有测量指标指向一个共同因子，发现该模型的拟合情况较差（$\chi^2/df = 6.227 > 3$，$RMSEA = 0.167 > 0.08$，$IFI = 0.573 < 0.900$，$NFI = 0.520 < 0.900$，$CFI = 0.569 < 0.900$），进一步表明本研究不存在显著共同方法偏差问题。

5.3.3 变量测量

5.3.3.1 因变量：新创企业成长

在我国的文化背景下，新创企业不愿意为调查者提供企业详细的财务数据，客观绩效的数据不容易获取，所以新创企业成长往往由企业中高层管理人员根据本企业与同行业竞争对手的比较，进行主观评分，以此来度量新创企业的成长绩效。Wall 等（2004）[1] 学者的研究结果显示通过主观评价方法获得的数据与客观数据没有明显差别，说明通过主观评价获得的企业绩效数据也具有较好的信度和效度。Gilbert 等（2006）[2] 和彭伟等（2013）从销售额增长率、市场份额增长率、员工规模增长率三个方面来测量企业的成长绩效。因此本研究参照上述研究文献，从销售额增长率、市场份额增长率、员工规模增长率三个方面对新创企业成长进行主观评价。采用 Likert 5 点量表，要求被访者对应新创企业成长的 5 个测量题项，选择相应的分值，比如 1 表示"与行业平均水平相比，贵公司近三年的销售额增长率明显偏低"，5 表示"与行业平均水平相比，贵公司近三年的销售额增长率明显偏高"。

---

① Wall T D, Michie J, Patterson M, et al. On the validity of subjective measures of company performance [J]. Personnel Psychology, 2004, 57 (1): 95 – 118.

② Gilbert B A, Mcdougall P P, Audretsch D B. New venture growth: A review and extension [J]. Journal of Management, 2006, 32 (6): 926 – 950.

5.3.3.2 自变量：创业型领导

本研究的自变量为创业型领导。该部分采用本书第 4 章开发的创业型领导量表，将创业型领导划分为审势相机、因势而动、构建网络、激情感召、激发创新五个维度，一共包括 17 个题项。其中审势相机是指创业型领导能够准确地分析竞争对手、消费者及企业内部资源困境的变化，综合考量"势"的影响，把握新创企业成长的方向，包括"他/她善于在行业竞争中洞察潜在机会和经营危机"等 3 个题项。因势而动强调开发机会，新创企业根据环境变化不断修正决策，制定动态目标，包括"他/她能为了适应企业需求改变对自己的角色定位"等 3 个题项。构建社会网络指创业型领导能从网络中获取稀缺资源，又能在较短时间内获取成本较低的多元化资源，包括"他/她能与供应商、客户建立和保持良好的商业关系"等 3 个题项。激情感召指创业型领导通过向员工传达创业精神，激发员工的积极性，提升员工的工作激情，包括"他/她对成功有着较为强烈的渴望"等 3 个题项。激发创新指创业型领导鼓励企业员工打破思维界限，将创业热情转化为创新实践，包括"他/她会鼓励下属在工作方法上进行创新""他/她会鼓励下属从多角度思考问题"等 5 个题项。所有测量题项都采用 Likert 5 点量表，从 1~5，1 表示"非常不同意"，5 表示"非常同意"。

5.3.3.3 中介变量：双元创业学习

双元创业学习是将组织双元理论引入创业学习研究领域后产生的，分为探索式创业学习和利用式创业学习两种类型（朱秀梅等，2014）。本研究在测量双元创业学习时主要参考 Su（2011）[①] 等的量表，并结合中国企业的实际对题项内容进行调整。探索式创业学习是指新创企业通过不断搜寻、变化、实验和创新方式进行企业外部新知识学习的过程，包括"近年来，贵公司获得了对企业而言全新的创新产品和技能""近年来，贵公司获得了全新产品开发技术来开发创新机会"等 5 个题项；利用式创业学习是指新创企业对现有知识的精练、生产和执行的学习过程，包括"贵公司在熟悉的产品技术领域升级了已有的知识和技能""贵公司加强已有技术的升级和提高机会开发效率"等 5 个题项。所有测量题项都采用 Likert 5 点量表，从 1~5，1 表示"非常不同意"，5 表示"非常同意"。

5.3.3.4 调节变量：组织冗余

组织冗余是企业过量的、未被充分利用的资源，分为已吸收冗余与未吸收冗

---

① Su Z, Li J, Yang Z, et al. Exploratory learning and exploitative learning in different organizational structures [J]. Asia Pacific Journal of Management, 2011, 28（4）：697 –714.

余两种类型（Singh 和 House，1986）。Tan 和 Peng（2003）编制了 4 个测度条目的量表来测量已吸收冗余和未吸收冗余。方润生和李雄诒（2005）在此基础上，进一步将已吸收冗余划分为分散冗余和组合冗余，并编制了 8 个测度条目的量表对已吸收冗余和未吸收冗余进行测量。本研究借鉴上述学者的通行做法，将组织冗余划分为已吸收冗余和未吸收冗余。其中，已吸收冗余指已经作为企业成本吸收，不容易重新配置的资源，包括"采用的工艺设备或技术比较先进，但没有被充分利用""拥有的专门人才相对较多，还有进一步开发的余地"等 3 个题项；未吸收冗余是指还没有被投入使用的企业资源，更容易被重新配置（Bourgeois，1981），包括"内部有足够的财务资源可以用于自由支配""企业能够在需要时获得银行贷款或其他金融机构资助"等 4 个题项。所有测量题项都采用 Likert 5 点量表，从 1 ~ 5，1 表示"非常不同意"，5 表示"非常同意"。

5.3.3.5 控制变量：企业年龄、企业规模和行业类型

以往研究表明，企业年龄、企业规模以及行业类型等变量均能影响新创企业的创新活动和绩效（彭伟等，2018）。因此，本研究也将企业规模、企业年龄、行业类型作为控制变量。其中，企业规模根据员工总人数来赋值，1 指"不超过 20 人"，2 指"21 ~ 50 人"，3 指"51 ~ 100 人"，4 指"101 ~ 200 人"，5 指"201 ~ 500 人"，6 指"501 ~ 1000 人"，7 指"1000 人以上"；企业年龄用问卷调查年份与企业成立年份之间的差值来赋值，1 指"1 ~ 3 年"，2 指"4 ~ 6 年"，3 指"7 ~ 8 年"，4 指"9 ~ 10 年"；行业类型以"其他行业"为参照，分别设置了 5 个虚拟变量。

5.3.4 数据分析方法

首先运用 SPSS 22.0 对创业型领导、双元创业学习、组织冗余以及新创企业成长四个变量开展探索性因子分析，初步检验变量的信度及效度；其次运用 LIS-REL 8.51 构建测量模型，来进一步验证各变量的信度与效度；最后通过相关性分析、层级线性回归分析方法来验证研究假设。

5.3.4.1 探索性因子分析

运用 SPSS 22.0 软件，采用主成分分析法对创业型领导、双元创业学习、组织冗余以及新创企业成长进行探索性因子分析，在此过程中采用最大方差旋转法，按特征根大于 1 的要求来提取因子。

5.3.4.2　验证性因子分析

基于收回的 188 份有效样本，构建一个包括创业型领导、探索式创业学习、利用式创业学习、已吸收冗余、未吸收冗余、新创企业成长的六因素测量模型，并对该模型开展验证性因子分析，选取 χ^2/df、RMSEA、NFI、IFI、CFI 等指标来评价测量模型的拟合情况，并依据测量题项在变量上的因子载荷评价变量的结构效度。

5.3.4.3　相关分析

对各变量开展相关性分析，依据变量之间相关系数的大小和显著情况来初步检验各变量之间的关系。相关系数值越大，表明各变量之间的相关性越强。

5.3.4.4　层级回归分析

为了检验组织冗余（已吸收冗余和未吸收冗余）在创业型领导与新创企业成长之间关系的调节效应，本研究将进行层级线性回归分析。在开展调节效应的回归分析之前，先对各变量进行中心化处理。

5.4　研究结果

5.4.1　测量工具的检验

信度检验主要依据各变量的 Cronbach' α 值来判断，如果某变量的 Cronbach' α 值大于或等于 0.7，则表明该变量测量具有较好的信度。效度检验主要指对各变量的内容效度、收敛效度以及区分效度的检验。本研究对各变量的测量量表都是在国内外成熟量表的基础上，结合实地调研以及课题组成员多次讨论后形成的，这可以保证各变量的测量量表具有较高的内容效度。为了检验各变量的信度、收敛效度以及区分效度，本研究采纳了 Anderson 和 Gerbing（1991）[①] 的建议，首先对各变量开展探索性因子分析，然后将所有变量放在一起，建构一个测量模型，进行验证性因子分析。

---

① Anderson J C, Gerbing D W. Predicting the performance of measures in a confirmatory factor analysis with a pretest assessment of their substantive validities ［J］. Journal of Applied Psychology, 1991, 76（5）: 732 – 740.

5.4.1.1 探索性因子分析

首先，对"创业型领导"这个变量开展探索性因子分析，其KMO样本测度结果发现 KMO = 0. 822 > 0. 7，Bartlett 检验的统计结果达到显著性水平，这表明创业型领导测量量表适合开展因子分析。基于 188 份有效样本的问卷调查数据，对创业型领导变量涉及的 5 个维度开展探索性因子分析，如表 5 - 2 所示，5 个维度凝结为一个公因子，并解释了 68. 990% 的方差变异。

表 5 - 2   创业型领导的探索性因子分析结果

测量维度	因子载荷
EL1 审势相机	0. 802
EL2 因势而动	0. 877
EL3 构建网络	0. 830
EL4 感召激情	0. 819
EL5 激发创新	0. 823

注：KMO = 0. 822，Bartlett = 511. 190（$P < 0.001$），方差解释贡献率 = 68. 990%。

对"创业型领导"的测量量表进行信度检验，结果如表 5 - 3 所示，所有的题项—总体相关系数均大于 0. 50；同时，创业型领导变量的 Cronbach' α 值为 0. 886，高于门槛值（0. 7），这表明创业型领导的测量题项之间具有较好的内部一致性，因此，创业型领导测量量表具有较好的信度。

表 5 - 3   创业型领导的信度检验结果

测量维度	题项—总体相关系数	复相关系数平方	删除此题项后的 α 值	Cronbach' α 值
EL1 审势相机	0. 690	0. 539	0. 871	
EL2 因势而动	0. 797	0. 676	0. 844	
EL3 构建网络	0. 724	0. 539	0. 862	0. 886
EL4 感召激情	0. 711	0. 534	0. 865	
EL5 激发创新	0. 713	0. 575	0. 864	

其次，对"双元创业学习"这个变量开展探索性因子分析，其 KMO 样本

测度结果发现 KMO = 0.900 > 0.7，Bartlett 检验的统计结果达到显著性水平，这表明双元创业学习测量量表适合开展因子分析。基于 188 份有效样本的问卷调查数据，对双元创业学习变量涉及的 10 个测量题项开展探索性因子分析，如表 5 - 4 所示，10 个测量题项凝结为 2 个公因子，并解释了 64.839% 的方差变异。

表 5 - 4　双元创业学习的探索性因子分析结果

测量题项（简写）	因子载荷	
	探索式创业学习	利用式创业学习
TS1 贵公司获得了对企业而言全新的创业产品和技能	0.768	0.255
TS2 贵公司获得了全新的产品开发技术来开发新创业机会	0.821	0.214
TS3 贵公司利用全新管理和组织技能开发新创业机会	0.768	0.306
TS4 获得了投资开发新技术、研发职能配置、研发和工程人员培训及开发等领域的新知识和技能整合创业资源	0.785	0.253
TS5 贵公司获得了对行业而言全新的创业知识和技能	0.693	0.424
LY1 在熟悉的产品和技术领域升级了已有的知识和技能	0.413	0.671
LY2 加强已有技术的升级提高机会开发效率	0.345	0.690
LY3 积极寻找顾客问题的解决方法，提高创业资源的利用效率	0.184	0.781
LY4 在已经拥有一定经验的新产品开发中进一步提升创业技能	0.282	0.771
LY5 不断积累创业知识和经验以提高创业活动的效率	0.201	0.720
特征值	5.370	1.121
解释的变异（%）	53.698	11.209
累积解释的变异（%）	53.698	64.907

注：KMO = 0.900，Bartlett = 950.597（P < 0.001），方差解释贡献率 = 64.907%。

对"双元创业学习"的测量量表进行信度检验，结果如表 5 - 5 所示，所有的题项—总体相关系数均大于 0.50，同时，探索式创业学习和利用式创业学习的 Cronbach'α 值分别为 0.880 和 0.841，高于门槛值（0.7），这表明探索式创业学习和利用式创业学习的测量题项之间具有较好的内部一致性，因此，双元创业学习测量量表具有较好的信度。

表 5 – 5　双元创业学习变量的信度检验结果

变量名称	测量题项	题项—总体相关系数	复相关系数平方	删除此题项后的 α 值	Cronbach' α 值
探索式创业学习	TS1	0.698	0.509	0.857	0.880
	TS2	0.727	0.542	0.850	
	TS3	0.728	0.540	0.850	
	TS4	0.714	0.522	0.853	
	TS5	0.696	0.488	0.858	
利用式创业学习	LY1	0.660	0.460	0.804	0.841
	LY2	0.649	0.456	0.807	
	LY3	0.646	0.447	0.809	
	LY4	0.688	0.496	0.796	
	LY5	0.585	0.353	0.825	

再次，对"组织冗余"这个变量开展探索性因子分析，其 KMO 样本测度结果发现 KMO = 0.786 > 0.7，Bartlett 检验的统计结果达到显著性水平，这表明组织冗余测量量表适合开展因子分析。基于 188 份有效样本的问卷调查数据，对组织冗余变量涉及的 7 个测量题项开展探索性因子分析，如表 5 – 6 所示，7 个测量题项凝结为 2 个公因子，并解释了 73.115% 的方差变异。

表 5 – 6　组织冗余的探索性因子分析结果

测量题项（简写）	因子载荷	
	未吸收冗余	已吸收冗余
YXS1 采用的工艺设备或技术比较先进，但是没有被充分利用	0.070	0.858
YXS2 贵公司拥有的专门技术人才相对比较多，还有进一步开发的余地	0.172	0.801
YXS3 贵公司目前的运营低于设计能力	0.093	0.828
WXS1 贵公司的留存收益足以支持市场扩张	0.870	0.109
WXS2 贵公司内部有足够的财务资源可以用于自由支配	0.833	0.127
WXS3 贵公司能够在需要时获得银行贷款或其他金融机构资助	0.874	0.129
WXS4 贵公司拥有较多的潜在关系资源可以利用	0.862	0.093
特征值	2.568	1.480
解释的变异（%）	48.004	25.111
累积解释的变异（%）	48.004	73.115

注：KMO = 0.786，Bartlett = 613.637（P < 0.001），方差解释贡献率 = 73.115%。

对"组织冗余"的测量量表进行信度检验，结果如表 5 – 7 所示，所有的题项—总体相关系数均大于 0.50；同时，已吸收冗余和未吸收冗余的 Cronbach'α 值分别为 0.786 和 0.890，高于门槛值（0.7），这表明已吸收冗余和未吸收冗余的测量题项之间具有较好的内部一致性，因此，组织冗余测量量表具有较好的信度。

表 5 – 7　组织冗余变量的信度检验结果

变量名称	测量题项	题项—总体相关系数	复相关系数平方	删除此题项后的 α 值	Cronbach'α 值
已吸收冗余	YXS1	0.656	0.431	0.676	0.786
	YXS2	0.603	0.368	0.733	
	YXS3	0.617	0.385	0.719	
未吸收冗余	WXS1	0.774	0.625	0.853	0.890
	WXS2	0.724	0.559	0.872	
	WXS3	0.782	0.656	0.850	
	WXS4	0.755	0.614	0.860	

最后，对"新创企业成长"这个变量开展探索性因子分析，其 KMO 样本测度结果发现 KMO = 0.729 > 0.7，Bartlett 检验的统计结果达到显著性水平，这表明新创企业成长测量量表适合开展因子分析。基于 188 份有效样本的问卷调查数据，对新创企业成长变量涉及的 3 个测量题项开展探索性因子分析，如表 5 – 8 所示，3 个测量题项凝结为一个公因子，并解释了 81.271% 的方差变异。

表 5 – 8　新创企业成长的探索性因子分析结果

测量题项	因子载荷
GP1 与行业平均水平相比，贵公司近三年的销售额增长率	0.910
GP2 与行业平均水平相比，贵公司近三年的市场份额增长率	0.923
GP3 与行业平均水平相比，贵公司近三年的员工规模增长率	0.871

注：KMO = 0.729，Bartlett = 317.530（$P < 0.001$），方差解释贡献率 = 81.271%。

对"新创企业成长"的测量量表进行信度检验，结果如表 5 – 9 所示，所有的题项—总体相关系数均大于 0.50，同时，新创企业成长变量的 Cronbach'α 值为0.884，高于门槛值（0.7），这表明新创企业成长的3个测量题项之间具有较好的内部一致性，因此，新创企业成长测量量表具有较好的信度。

表5-9　新创企业成长变量的信度检验结果

测量题项	题项—总体相关系数	复相关系数平方	删除此题项后的 α 值	Cronbach'α 值
GP1	0.788	0.647	0.824	
GP2	0.815	0.675	0.801	0.884
GP3	0.723	0.526	0.881	

5.4.1.2　验证性因子分析

为了进一步验证各变量的收敛效度和区分效度，本研究同时将创业型领导、双元创业学习、组织冗余和新创企业成长等变量纳入结构方程模型进行验证性因子分析。结果发现，本研究构建的测量模型具有较好的拟合效（$\chi^2/df = 1.613 < 3$，$RMSEA = 0.057 < 0.08$，$CFI = 0.929 > 0.9$，$NNFI = 0.918 > 0.9$，$IFI = 0.930 > 0.9$），验证性因子分析结果如表5-10和图5-2所示。从中可以看出，所有题项对应变量的标准化因子载荷高于0.6，而且均在$p < 0.01$水平上显著，基于各测量指标在其对应变量的标准化因子载荷计算得出创业型领导、探索式创业学习、利用式创业学习、已吸收冗余、未吸收冗余和新创企业成长的AVE值分别为0.613、0.595、0.517、0.551、0.671、0.723，均高于0.5，这表明本研究所用量表具有较好的收敛效度（Hair et al.，2010）。基于各测量指标在其对应变量的标准化因子载荷计算得出创业型领导、探索式创业学习、利用式创业学习、已吸收冗余、未吸收冗余和新创企业成长的组合信度值分别为0.887、0.880、0.842、0.786、0.890、0.887，这进一步表明本研究所用量表具有较好的信度。

表5-10　子研究三的验证性因子分析参数估计

题项	变量间关系	标准化估计值	非标准化估计值	S. E.	C. R.	p
EL1	←——创业型领导	0.723	0.664	0.060	11.042	***
EL2	←——创业型领导	0.847	0.770	0.055	13.910	***
EL3	←——创业型领导	0.782	0.604	0.049	12.341	***
EL4	←——创业型领导	0.745	0.571	0.050	11.507	***

续表

题项	变量间关系	标准化估计值	非标准化估计值	S. E.	C. R.	p
EL5	←——创业型领导	0.811	0.681	0.052	13.011	***
TS1	←——探索式创业学习	0.759	0.845	0.072	11.770	***
TS2	←——探索式创业学习	0.778	0.804	0.066	12.200	***
TS3	←——探索式创业学习	0.788	0.849	0.068	12.445	***
TS4	←——探索式创业学习	0.766	0.836	0.070	11.926	***
TS5	←——探索式创业学习	0.765	0.796	0.067	11.902	***
LY1	←——利用式创业学习	0.737	0.677	0.061	11.212	***
LY2	←——利用式创业学习	0.716	0.673	0.063	10.783	***
LY3	←——利用式创业学习	0.726	0.627	0.058	10.970	***
LY4	←——利用式创业学习	0.762	0.753	0.064	11.746	***
LY5	←——利用式创业学习	0.648	0.615	0.065	9.451	***
GP1	←——新创企业成长	0.877	0.903	0.062	14.516	***
GP2	←——新创企业成长	0.898	0.908	0.060	15.044	***
GP3	←——新创企业成长	0.771	0.793	0.066	12.060	***
YXS1	←——已吸收冗余	0.774	0.740	0.068	10.907	***
YXS2	←——已吸收冗余	0.748	0.702	0.067	10.498	***
YXS3	←——已吸收冗余	0.703	0.689	0.070	9.787	***
WXS1	←——未吸收冗余	0.829	0.689	0.051	13.406	***
WXS2	←——未吸收冗余	0.764	0.627	0.053	11.886	***
WXS3	←——未吸收冗余	0.856	0.721	0.051	14.067	***
WXS4	←——未吸收冗余	0.824	0.655	0.049	13.280	***

注: *** 代表 $p < 0.001$。

　　为了检验各变量之间的区分效度,可以通过比较变量的 AVE 平方根值与变量间的相关系数大小来判断。如果各变量的 AVE 值平方根大于各变量之间的相关系数值,那么各变量之间具有较好的区分效度 (Segars, 1997)[①]。本研究创业型领导、双元创业学习、组织冗余和新创企业成长的 AVE 值的最小值为 0.517,对应的平方根值为 0.719;各变量之间的相关系数最大值是 0.664,小于 0.719,因此,本研究各变量之间具有较好的区分效度。

---

　　① Segars A H. Assessing the unidimensionality of measurement: A paradigm and illustration within the context of information systems research [J]. Omega, 1997, 25 (1): 107 – 121.

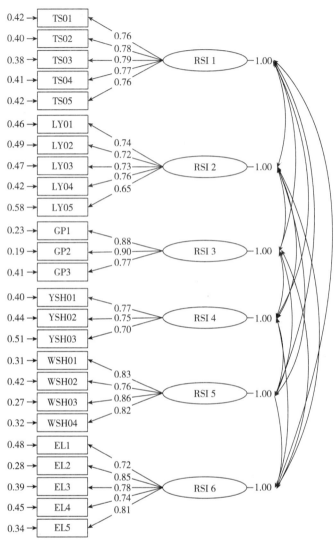

Chi−Square=419.31，df=260，*P−value*=0.00000，*RMSEA*=0.057

图 5 − 2　测量量表的验证性因子分析

5.4.2　描述性统计和相关性分析

在进行假设检验之前，本研究首先对创业型领导、探索式创业学习、利用式创业学习、已吸收冗余、未吸收冗余、新创企业成长以及控制变量（企业年龄、企业规模和行业类型）进行描述性统计和变量间的相关性分析，如表 5 − 11 所示。

表 5 - 11　描述性统计与相关性分析

变量	M	SD	1	2	3	4	5	6	7	8	9	10	11	12	13
1	5.680	2.462													
2	3.190	1.682	0.427**	1											
3	0.165	0.372	-0.029	-0.042	1										
4	0.181	0.386	-0.067	0.029	-0.209**	1									
5	0.223	0.417	0.092	0.137	-0.238**	-0.252**	1								
6	0.160	0.367	-0.102	-0.024	-0.194**	-0.205**	-0.234**	1							
7	0.128	0.335	0.096	0.042	-0.170*	-0.180*	-0.205**	-0.167*	1						
8	4.115	0.699	-0.130	0.065	0.063	-0.021	0.000	-0.021	0.029	1					
9	3.323	0.922	-0.060	-0.024	0.218**	-0.035	-0.086	-0.042	0.022	0.366**	1				
10	3.632	0.881	-0.034	0.103	0.131	0.062	-0.037	-0.148*	0.128	0.519**	0.361**	1			
11	3.905	0.729	-0.118	0.040	0.184*	0.019	-0.018	-0.139	0.050	0.618**	0.451**	0.664**	1		
12	3.326	0.802	-0.056	-0.010	0.094	-0.036	0.005	-0.087	0.090	0.232**	0.289**	0.380**	0.290**	1	
13	3.692	0.714	0.049	0.062	0.037	0.082	-0.046	-0.005	-0.002	0.347**	0.374**	0.378**	0.380**	0.263**	1

注：** 为在 0.010 水平（双侧）上显著相关，* 为在 0.050 水平（双侧）上显著相关。1 为企业年龄，2 为企业规模，3 为电子信息，4 为机械制造，5 为新材料新能源，6 为生物医药，7 为食品化工，8 为创业型领导，9 为新创企业成长，10 为利用式创业学习，11 为探索式创业学习，12 为已吸收冗余，13 为未吸收冗余。

5.4.3 假设检验

5.4.3.1 创业型领导对新创企业成长的影响

为了检验本研究提出的假设 H1，在控制企业年龄、企业规模以及行业类型等变量的影响后，检验创业型领导对新创企业成长的回归分析，分析结果如表 5-12 所示。M1 是企业年龄、企业规模和行业类型控制变量对因变量（新创企业成长）影响的回归方程模型；M2 是在 M1 的基础上，增加创业型领导对因变量（新创企业成长）影响的回归方程模型。结果显示，创业型领导对新创企业成长具有显著的正向影响（$\beta = 0.356$，$p < 0.001$），假设 H1 得到验证。

表 5-12　创业型领导对新创企业成长的影响

变量	M1	M2
企业年龄	-0.061	0.011
企业规模	0.008	-0.045
电子信息	0.240*	0.213
机械制造	0.029	0.032
新能源新材料	0.002	-0.006
生物医药	0.017	0.021
食品化工	0.077	0.057
创业型领导		0.356***
R^2	0.056	0.177
调整后的 R^2	0.019	0.140
ΔR^2		0.121**
F	1.512	4.812***

注：* 为 $p < 0.05$；** 为 $p < 0.01$；*** 为 $p < 0.001$。

5.4.3.2 双元创业学习的中介作用

本研究假设中 H2a 涉及创业型领导对利用式创业学习的作用影响，H3a 涉及利用式创业学习对新创企业成长的作用影响，H4a 是关于利用式创业学习在创业型领导与新创企业成长间关系的中介作用。本研究运用层级线性回归方法来验证上述三个假设，回归分析的结果如表 5-13 所示。M3 表示控制变量对利用式创业学习影响的回归方程模型，M4 是在 M3 的基础上加入创业型领导之后对利用式创业学习影响的回归方程模型。M5 是在控制变量的基础上加入利用式创业学习后对新创企业成长影响的回归方程模型，M6 为在 M2 的基础上加入利用式创业学习后对新创企业成长的回归方程模型。

表 5-13　利用式创业学习的中介效应检验

变量	利用式创业学习		新创企业成长			
	M3	M4	M1	M2	M5	M6
企业年龄	-0.176	-0.056	-0.061	0.011	0.015	0.029
企业规模	0.107	0.018	0.008	-0.045	-0.038	-0.051
电子信息	0.223**	0.179**	0.240*	0.213	0.143	0.153
机械制造	0.076	0.082	0.029	0.032	-0.004	0.005
新能源与新材料	0.066	0.053	0.002	-0.006	-0.026	-0.023
生物医药	-0.061	-0.054	0.017	0.021	0.043	0.039
食品化工	0.117	0.084	0.077	0.057	0.026	0.029
创业型领导		0.596***		0.356***		0.157+
利用式创业学习					0.432***	0.334***
R^2	0.081	0.421	0.056	0.177	0.227	0.242
调整后的 R^2	0.045	0.395	0.019	0.140	0.192	0.203
ΔR^2		0.340***		0.121**	0.171***	0.065***
F	2.256**	16.270***	1.512	4.812***	6.568***	6.306***

注：+ 为 $p<0.1$；* 为 $p<0.05$；** 为 $p<0.01$；*** 为 $p<0.001$。

M4 结果表明创业型领导对利用式创业学习具有显著的正向影响（$\beta=0.596$，$p<0.001$），假设 H2a 得到验证。M5 的结果显示利用式创业学习对新创企业成长具有显著的正向影响（$\beta=0.432$，$p<0.001$），假设 H3a 得到验证。M6 的结果表明在 M2 的基础上加入利用式创业学习后，R^2 由 M2 的 0.177 增加到 0.242（$\Delta R^2=0.065$，$p<0.001$），此时创业型领导对新创企业成长的直接效应减弱，但仍然显著（$\beta=0.157$，$p<0.1$），这表明利用式创业学习在创业型领导对新创企业成长的影响中发挥部分中介作用，假设 H4a 得到验证。

本研究中提出的假设 H2b 涉及创业型领导对探索式创业学习的影响，H3b 涉及探索式创业学习对新创企业成长的影响，H4b 涉及探索式创业学习在创业型领导对新创企业成长的影响中发挥的中介作用。本研究运用 SPSS 22.0 软件进行层级线性回归方法来验证上述假设，回归分析结果如表 5－14 所示。M7 表示控制变量对探索式创业学习的回归方程模型，M8 表示在 M7 的基础上加入创业型领导对探索式创业学习影响的回归方程模型。M9 为在 M1 的基础上加入探索式创业学习后的回归方程模型，M10 表示在 M2 的基础上加入探索式创业学习对新创企业成长的回归方程模型。

表 5－14　探索式创业学习的中介效应检验

变量	探索式创业学习		新创企业成长			
	M7	M8	M1	M2	M9	M10
企业年龄	－ 0.105	－ 0.004	－ 0.061	0.011	－ 0.025	0.011
企业规模	0.133	0.058	0.008	－ 0.045	－ 0.038	－ 0.057
电子信息	0.207 *	0.170 *	0.240 *	0.213	0.168	0.176
机械制造	0.141	0.146	0.029	0.032	－ 0.020	0.001
新能源与新材料	0.072	0.061	0.002	－ 0.006	－ 0.023	－ 0.019
生物医药	－ 0.036	－ 0.031	0.017	0.021	0.030	0.028
食品化工	0.202 **	0.174 **	0.077	0.057	0.007	0.019
创业型领导		0.501 ***		0.356 ***		0.248 **
探索式创业学习					0.346 ***	0.216 **
R^2	0.081	0.322	0.056	0.177	0.165	0.209
调整后的 R^2	0.046	0.292	0.019	0.140	0.128	0.169
ΔR^2		0.241 ***		0.121 **	0.110 ***	0.032 **
F	2.278 **	10.634 ***	1.512	4.812 ***	4.429 ***	5.214 ***

注：* 为 $p < 0.05$；** 为 $p < 0.01$；*** 为 $p < 0.001$。

表 5－14 结果显示，M8 结果表明创业型领导对探索式创业学习具有显著的正向影响（$\beta = 0.501$，$p < 0.001$），假设 H2b 得到验证。M9 的结果显示探索式创业学习对新创企业成长具有显著的正向影响（$\beta = 0.346$，$p < 0.001$），假设 H3b 得到验证。M10 的结果表明在 M2 的基础上加入探索式创业学习，R^2 由 M2 的 0.177 增加到 0.209（$\Delta R^2 = 0.032$，$p < 0.01$），此时创业型领导对新创企业成长的直接效应减弱，但仍然显著（$\beta = 0.248$，$p < 0.01$），这表明探索式创业学习在创业型领导对新创企业成长的影响中发挥部分中介作用，假设 H4b 得到验证。

虽然 Baron 等提出的逐步法是检验中介效应最常用的方法，但近年来却受到了颇多质疑，越来越多的学者呼吁使用更具检验效力的 Bootstrap 法来进行中介效应的分析（温忠麟和叶宝娟，2014）①。因此，本研究在 Mplus 7.0 中运用 Bootstrap 法对探索式创业学习和利用式创业学习的中介作用进行间接效应系数检验，当间接效应系数显著时，中介效应成立。在表 5 - 15 中，探索式创业学习的间接效应系数为 0.314，90% 的偏差校正置信区间不包含 0，表明探索式创业学习的中介效应显著；其直接效应系数显著且与间接效应系数同号，证明探索式创业学习在创业型领导和新创企业成长间起部分中介作用。同理，利用式创业学习的间接效应系数为 0.219，90% 的偏差校正置信区间不包含 0，表明利用式创业学习的中介效应显著；其直接效应系数显著且与间接效应系数同号，证明利用式创业学习在创业型领导和新创企业成长间起部分中介作用。假设 H4a 和 H4b 再次得到验证。

表 5 - 15 Bootstrap 法的中介效应检验

分类	效应	Bootstraping 估计	90% 置信区间	
			上限	下限
探索式创业学习	间接效应	0.314	0.251	0.396
	直接效应	0.169	0.019	0.321
利用式创业学习	间接效应	0.219	0.175	0.274
	直接效应	0.263	0.094	0.426

5.4.3.3 组织冗余的调节作用

上文中提到的假设 H5a 中涉及已吸收冗余在创业型领导和新创企业成长之间的调节效应，结构方程模型在验证交互调节效应时存在局限性（Song et al.，2005）②，因此，本研究运用层级线性回归方法来验证该假设，回归分析的结果如表 5 - 16 所示。模型 1 - 1 为控制变量对新创企业成长影响的回归模型，模型 1 - 2 为控制变量、创业型领导和已吸收冗余对新创企业成长的回归模型，模型

---

① 温忠麟，叶宝娟. 中介效应分析：方法和模型发展 [J]. 心理科学进展，2014，22（5）：731 - 745.

② Song M，Droge C，Calantone H R. Marketing and technology resource complementarity：An analysis of their interaction effect in two environmental contexts [J]. Strategic Management Journal，2005，26（3）：259 - 276.

1－3 为在模型 1－2 的基础上增加了创业型领导和已吸收冗余交互效应的回归模型。在计算交互项时，为了降低多重共线性的影响，本研究首先对变量进行了中心化处理。各回归模型的膨胀化因子（VIF）值远小于 10，表明各回归模型并不存在严重的多重共线性问题。

表 5－16　已吸收冗余对"创业型领导—新创企业成长"关系的调节作用

	模型 1－1	模型 1－2	模型 1－3
企业年龄	－0.061	0.018	0.024
企业规模	0.008	－0.041	－0.048
电子信息	0.240*	0.191*	0.189*
机械制造	0.029	0.028	0.039
新能源与新材料	0.002	－0.018	－0.012
生物医药	0.017	0.026	0.020
食品化工	0.077	0.033	0.043
创业型领导		0.313***	0.294***
已吸收冗余		0.199***	0.199***
创业型领导*已吸收冗余			－0.124+
F	1.512	5.372***	5.238***
R^2	0.056	0.214	0.228
调整后的 R^2	0.019	0.174	0.185
ΔR^2		0.158***	0.015+
VIF 最大值	2.067	2.071	2.074

注：+ 为 $p < 0.1$；* 为 $p < 0.05$；** 为 $p < 0.01$；*** 为 $p < 0.001$。

模型 1－2 的结果表明，在模型 1－1 的基础上，加入创业型领导和已吸收冗余之后，模型的解释力度有了显著提高（$\Delta R^2 = 0.158$，$p < 0.001$），已吸收冗余对新创企业成长具有显著的正向影响（$\beta = 0.199$，$p < 0.05$），这表明新创企业的已吸收冗余越多，越有助于新创企业成长绩效的提升。模型 1－3 的结果显示，在模型 1－2 的基础上增加交互项后，模型的解释力度也显著提高（$\Delta R^2 = 0.015$，$p < 0.1$），已吸收冗余对创业型领导与新创企业成长间关系发挥显著的负向调节作用（$\beta = -0.124$，$p < 0.1$），也就是说，新创企业的已吸收冗余越多，创业型领导对新创企业成长的影响作用越弱，因此，本研究提出的假设 H5a 获得

支持。

上文中提到的假设 H5b 中涉及未吸收冗余在创业型领导和新创企业成长之间的调节效应,结构方程模型在验证交互调节效应时存在局限性(Song et al.,2005),因此,本研究运用层级线性回归方法来验证该假设,回归分析的结果如表 5 - 17 所示。模型 2 - 1 为控制变量对新创企业成长影响的回归模型,模型 2 - 2 为控制变量、创业型领导和未吸收冗余对新创企业成长的回归模型,模型 2 - 3 为在模型 2 - 2 的基础上增加了创业型领导和已吸收冗余交互效应的回归模型。

表 5 - 17　未吸收冗余对"创业型领导—新创企业成长"关系的调节作用

	模型 2 - 1	模型 2 - 2	模型 2 - 3
企业年龄	- 0.061	- 0.022	- 0.024
企业规模	0.008	- 0.041	- 0.043
电子信息	0.240 *	0.196 *	0.194 *
机械制造	0.029	- 0.004	- 0.006
新材料和新能源	0.002	- 0.009	- 0.011
生物医药	0.017	0.004	0.006
食品化工	0.077	0.050	0.050
创业型领导		0.254 ***	0.254 ***
未吸收冗余		0.283 ***	0.288 ***
创业型领导 * 未吸收冗余			0.032
F	1.512	6.441 ***	5.794 ***
R^2	0.056	0.246	0.247
调整后的 R^2	0.019	0.208	0.204
ΔR^2		0.198 ***	0.001
VIF 最大值	2.067	2.067	2.072

注: * 为 $p < 0.05$; ** 为 $p < 0.01$; *** 为 $p < 0.001$。

模型 2 - 2 的结果表明,在模型 2 - 1 的基础上,加入创业型领导和未吸收冗余之后,模型的解释力有了显著提高($\Delta R^2 = 0.198$, $p < 0.001$),未吸收冗余对新创企业成长具有显著的正向影响($\beta = 0.283$, $p < 0.001$),这表明新创企业的未吸收冗余越多,越有助于新创企业成长绩效的提升。模型 2 - 3 的结果显示,在模型 2 - 2 的基础上增加交互项后,模型的解释力度没有提高($\Delta R^2 = 0.001$,

$p = 0.637$），未吸收冗余对创业型领导与新创企业成长间关系没有起到调节作用（$\beta = 0.032$，$p = 0.637$），也就是说，新创企业的未吸收冗余对创业型领导与新创企业成长的关系作用未发挥显著的调节作用，因此，本研究提出的假设 H5b 未获得支持。

为了更直观地揭示调节效应，本研究在图 5 - 4 画出了已吸收冗余对创业型领导与新创企业成长间关系的调节效应。

如图 5 - 3 所示，已吸收冗余对创业型领导与新创企业成长的正向关系发挥显著的负向调节作用。也就是说，新创企业的已吸收冗余越多，创业型领导对新创企业成长的正向作用关系越弱。具体而言，对已吸收冗余较多的新创企业，创业型领导与新创企业成长之间的正向关系较弱；而对于已吸收冗余较少的新创企业，创业型领导能够对新创企业成长发挥的作用越显著。

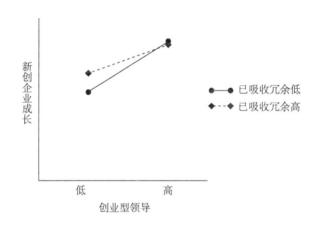

图 5 - 3　已吸收冗余对创业型领导与新创企业成长间关系的调节效应

综合上述分析，本研究提出的假设通过了实证检验。理论假设及其检验结果如表 5 - 18 所示。

表 5 - 18　子研究三理论假设及其检验结果汇总

理论假设	检验结果
H1：创业型领导对新创企业成长具有显著的正向影响	支持
H2a：创业型领导对利用式创业学习具有显著的正向影响	支持
H2b：创业型领导对探索式创业学习具有显著的正向影响	支持

续表

理论假设	检验结果
H3a：利用式创业学习对新创企业成长具有显著的正向影响	支持
H3b：探索式创业学习对新创企业成长具有显著的正向影响	支持
H4a：利用式创业学习在创业型领导与新创企业成长关系间起中介作用	支持
H4b：探索式创业学习在创业型领导与新创企业成长关系间起中介作用	支持
H5a：已吸收冗余负向调节创业型领导对新创企业成长间的正向关系	支持
H5b：未吸收冗余正向调节创业型领导对新创企业成长间的正向关系	未支持

5.5　结果讨论

近年来，越来越多的新创企业意识到兼具创业者和领导者特征的创业型领导有助于促进新创企业成长。国内外学者也在积极探究创业型领导对新创企业成长的积极作用（Mokhber et al.，2015；Chen，2007；李华晶和张玉利，2006），但大都探讨两者的直接效应。少数学者探讨了组织学习和战略柔性在创业型领导和新创企业绩效之间的作用（张翔和丁栋虹，2016），强调组织学习对新创企业成长的重要性。也有学者通过资源基础观，证实了组织冗余对企业创新的作用（Lee，2015；陈爽英等，2016），却鲜有研究将创业型领导、组织学习、组织冗余、新创企业成长纳入同一分析框架。基于此，子研究三将组织双元理论应用于创业学习研究领域中，探讨了创业型领导对新创企业成长的影响，并探究了双元创业学习在两者间的中介作用和组织冗余的调节作用。基于 188 份调查问卷进行了相应的实证分析，得到了一些有意义的研究结果。

5.5.1　创业型领导与新创企业成长的关系

对于内部资源匮乏和外部竞争激烈的新创企业而言，同时具备成功创业者和领导者特征的创业型领导能够通过建立和传达愿景来获得团队的认同，识别和开发机会获得竞争优势，进而促进新创企业成长（王弘钰和刘伯龙，2018）。因此，子研究三探究了创业型领导和新创企业成长的关系。

结果表明，创业型领导对新创企业成长具有显著的正向影响（$\beta = 0.356$，$p < 0.001$），创业型领导的 5 个维度均有利于新创企业的成长和发展。首先，创业型领导通过"审势相机"准确分析竞争对手、供应商、消费者以及企业内部资源困境等内外环境变化，综合考量"势"的影响，积极探寻新创企业成长的机会，把握新创企业成长的方向（Delmar and Shane，2004；Townsend et al.，2010）。其次，在"审势相机"的基础上，创业型领导通过"因势而动"开发机会，根据环境变化不断修正决策，制定新创企业发展的动态目标。再次，创业型领导借助"社会网络"积极与外界联系，既能够从网络中获取稀缺资源增强竞争优势，又能够在较短时间内获取成本较低的多元化资源（Zhao and Aram，1995；林嵩和姜彦福，2009），进而推动新创企业成长。此外，创业型领导还可以通过"激情感召"向员工传达创业精神，激发员工的积极性和主动性，增强员工面对困难时的勇气和毅力（Bierly et al.，2000），提升员工的工作激情。最后，创业型领导在"激情感召"基础上通过"激发创新"鼓励企业员工打破思维界限，将创业热情转化为创新实践（Renko et al.，2015），有利于在动荡的环境变化中增强竞争优势，进而促进新创企业成长。

5.5.2 双元创业学习在"创业型领导—新创企业成长"关系中的作用

创业型领导借助社会网络获取的隐性知识和资源必须要通过企业的消化和吸收才能促进新创企业成长，也就是说，创业型领导正向影响新创企业成长的过程很大程度上取决于新创企业的创业学习活动（张翔和丁栋虹，2016）。近年来，有学者将组织双元理论引入创业学习研究领域，提出"双元创业学习"，并划分为探索式创业学习和利用式创业学习两种类型，强调双元创业学习在新创企业成长中的重要性（朱秀梅等，2014）。基于此，子研究三首先探讨了探索式创业学习在创业型领导和新创企业成长关系间的中介效应。研究结果表明，探索性创业学习在创业型领导和新创企业成长中发挥部分中介效应，换句话说，创业型领导通过营造创业学习氛围，激励员工加强对新知识的获取与运用，从而能够促进新创企业成长。该结论与张翔和丁栋虹（2016）的研究结果具有内在一致性，即创业型领导能够促进组织的学习活动，从而提高新创企业绩效。

子研究三还认为利用式创业学习在创业型领导和新创企业成长的关系中发挥中介作用，实证结果也表明利用式创业学习在创业型领导和新创企业成长中具有部分中介作用。也就是说，创业型领导强调对企业现有知识的利用和整合，通过充分挖掘已有知识维持现有的竞争优势，促进新创企业成长。

5.5.3　组织冗余在"创业型领导—新创企业成长"关系中的作用

根据资源基础观，企业拥有的异质性资源是新创企业成长和获得持续竞争优势的重要保障[①]，新创企业内部所拥有资源的不同会影响创业者与新创企业成长的关系[②]。根据被转化和重新配置的程度，企业内部多余的资源又可以分为已吸收冗余和未吸收冗余（高山行等，2015）。基于此，子研究三首先就已吸收冗余在创业型领导与新创企业成长关系间发挥的调节作用进行了研究。研究结果表明，已吸收冗余在创业型领导与新创企业成长的关系中发挥负向调节作用（$\beta = -0.124$，$p < 0.1$）。也就是说，当新创企业拥有的已吸收冗余越多时，创业型领导对新创企业成长的正向影响会减弱。这表明充足的已吸收冗余在一定程度上能够弱化创业型领导的积极影响。该结论与李妹和高山行（2014）的研究结果具有内在一致性，其研究表明随着企业已吸收冗余的增加，新创企业会吸收大量不必要的资源，变得比较臃肿，降低对外部环境变化的反应速度，从而弱化企业创新绩效。

子研究三还认为未吸收冗余在创业型领导与新创企业成长之间发挥正向调节作用，但并没有得到检验。其内在原因可能是因为虽然未吸收冗余能够充当外界环境变化的缓冲剂，使企业的核心技术免受动态环境的冲击，增强企业探索性创新的机会（Tan 和 Pen，2003）；但是对于转型期的新创企业来说，由于面临激烈竞争的市场环境和资源缺乏的困境，为了生存需要，企业往往将资源用于固定资产的投入，使未吸收冗余仅仅保持在一定的范围之内，并且未吸收冗余的管理也会增加一定的管理成本和时间成本（李妹和高山行，2014），所以适量的未吸收冗余可能并不会强化创业型领导对新创企业成长的促进作用。

---

①　曾萍，吕迪伟. 中国企业成长战略选择：基于三种基础观的分析 [J]. 科技进步与对策，2015，32（4）：51 – 57.

②　王海花，谢萍萍，熊丽君. 创业网络、资源拼凑与新创企业绩效的关系研究 [J]. 管理科学，2019，32（2）：50 – 66.

第6章　研究结论与未来展望

6.1　研究结论

　　本书包括 3 个子研究。首先,对国内外相关文献进行回顾和梳理,在此基础上总结前人研究的贡献和不足,以进一步构建出本书的总体研究框架。其次,采用质化研究的方法澄清创业型领导的内涵与结构,建立中国情境下创业型领导的结构模型。再次,在质化研究的基础上,开发创业型领导的测量工具,并采用 3 个样本对量表的内部一致性信度、内容效度、收敛效度、区分效度及预测效度进行检验。最后,运用所建构的创业型领导测量工具,探讨创业型领导对新创企业成长的作用机制。本书的 3 个子研究循序渐进、紧密相连。本书的主要结论如下:

　　第一,质化研究结果表明,中国情境下创业型领导包括 5 个维度,其中,"审势相机"指领导者具有大局观,能及时洞察经营机会和危机,从多渠道收集信息,善于分析形势和环境,对未来有正确预测;"因势而动"强调领导者具有角色能动性,可根据情况变化制定动态目标、灵活决策,察觉机会后能充分利用;"构建网络"表现在领导者善于利用人际交往手段与客户、供应商、政府部门以及合作者等保持良好关系,并能处理协调好各种关系;"激情感召"强调领导者自身拥有成功渴望、工作热情、宏大愿景,并对下属工作产生激励作用;"激发创新"表明领导者突破常规思维界限,鼓励员工尝试多种工作方法,从多角度来思考问题,并合理授权以激发员工的创造力。就这 5 个维度的作用以及它们之间的关系来看，审势相机、因势而动及构建网络反映了领导应对外部环境的方式，表现为在动态复杂的外部环境中，善于识别并充分利用机会，与外部利益相关者保持良好关系；激情感召和激发创新均强调与内部员工的互动行为，体现在日常工作中，领导者通过构建愿景激发员工潜力，鼓励员工突破思维桎梏以激发创造力。审势相机、因势而动、构建网络、激情感召和激发创新均能帮助新创企业应对动态复杂的环境，体现了创业型领导的优势。此外，中国本土情境下的创业型领导在内涵上不同于西方的创业型领导概念，主要体现在审势相机和激情感召等维度均超出了西方对应维度的内涵范畴，还涉及西方情境中没有的因势而动维度。创业型领导也不同于其他本土化领导风格，如变革型领导、魅力型领导和愿景型领导等，表现为变革型领导没有审势相机、因势而动和构建网络三个维度，魅力型领导没有体现因势而动和构建网络两个维度，愿景型领导没有涉及构建网络、激情感召、激发创新三个维度。

第二，在质化研究的基础上，编制了创业型领导的本土化测量量表，并对其内部一致性信度、内容效度、收敛效度、区分效度及预测效度进行检验。具体而言：①在子研究一的基础上，子研究二编制了 25 个题项的创业型领导的初始量表，利用样本一，通过两次探索性因子分析，最终得到创业型领导的 5 个维度、17 个题项的修订量表，分析结果表明创业型领导的 17 个题项均符合心理学测量的要求。②利用样本二的数据对创业型领导的 5 维度结构进行验证，结果表明一阶五因素和二阶一因素结构的拟合指数良好。因此，创业型领导是一个 5 维度构念，并且 5 个维度存在一个共同的高阶因素。③采用样本一的数据进行信度检验，结果表明创业型领导测量量表具有良好的内部一致性信度。④通过验证性因子分析和相关性分析，得出创业型领导量表具有良好的区分效度与收敛效度。基于样本三的数据，将员工的年龄、学历、工龄、司龄等作为控制变量进行回归分析，结果表明创业型领导对员工变革承诺、突破性创新等均具有显著的预测效果，因而创业型领导量表具有良好的预测效度。综上所述，子研究二开发的创业型领导量表具有良好的内部一致性信度、区分效度、收敛效度以及预测效度。

第三，子研究三基于 188 家新创企业的调查问卷，探讨了创业型领导对新创企业成长的作用机制。研究结果表明，创业型领导正向影响新创企业成长；利用式创业学习和探索式创业学习在创业型领导和新创企业成长的正向关系中发挥部分中介作用；已吸收冗余负向调节创业型领导对新创企业成长的正向作用，即当新创企业中具有较多的已吸收冗余时，创业型领导和新创企业成长之间的正向关系被削弱。

6.2　理论贡献

本书采用文献研究、质化研究以及实证研究等方法，运用多个样本和多种数据收集方式，不仅明晰了中国情境下创业型领导的内涵结构，构建了创业型领导的概念模型，还开发了创业型领导的本土化测量量表，并且进一步探讨了创业型领导的有效性，即检验了双元创业学习在创业型领导和新创企业成长之间的中介作用以及组织冗余的调节作用。总体来看，本书较为系统地分析了中国情境下创业型领导行为，对创业型领导的相关研究进行补充，进一步推动中国情境下创业型领导的研究进程。

第一，在中国情境下开展质化研究，运用扎根理论，澄清创业型领导的本土化内涵结构，建构中国情境下创业型领导的概念模型，并将中国情境下的创业型领导与变革型领导、魅力型领导、愿景型领导及西方的创业型领导的内涵进行比较，最终明确中国本土创业型领导概念的独特内涵。对于创业型领导的内涵，多数国内学者借鉴的是 Gupta 等（2004）的研究，而很少有学者基于中国情境展开分析。没有清晰的创业型领导的本土化概念模型，就难以推进其本土化研究进程。此外，概念之间的比较分析能够阐明各自内涵的独特之处。因此，本书引入两类比较对象：一是西方已有的创业型领导概念，这种比较能够解释创业型领导本土化研究的必要性；二是其他本土化领导概念，如变革型领导、魅力型领导和愿景型领导，这种比较能够说明本土化的创业型领导概念确实不同于其他本土化领导概念，具有研究的价值。

第二，开发了具有较高信效度的创业型领导本土化测量量表，量表结构清晰，5 个维度聚合成一个更为高阶的因素，便于以后相关研究的引用。Gupta 等（2004）编制的 2 维度、5 角色、17 题项的量表被大量学者借鉴，然而此量表建构所采用的研究工具与数据原本并不是为研究创业型领导而设计的（杨静，2012），因此其有效性有待商榷。国内较少学者建构创业型领导的本土化测量量表，其中蔡光荣和唐宁玉（2006）在文献回顾的基础上，对上海地区中小企业中高层管理人员进行开放式问卷调查，得出 8 个维度，并对各个维度展开详细阐述，但没形成量表。杨静和王重鸣（2013）通过对 41 位女性创业者和企业家进行半结构化深度访谈，并结合专家小组讨论的结果形成初始量表，并对其展开信效度检验，最终得到 6 维度 29 个题项的量表。该量表的适用对象是女性领导者，其推广具有一定的限制性。本书开发的量表对于所有领导者都适用，不区分性别。采用多个效标和多种统计方法对创业型领导的信度和效度进行检验，使研究结果更有说服力，具体体现在对量表进行区分效度、收敛效度分析时，采用验证性因子分析和相关性因子分析方法；在进行预测效度检验时，选取员工变革承诺与突破性创新等效标变量。

第三，从组织层面检验了创业型领导的有效性，有利于中西方创业型领导理论的发展。创业型领导的影响效果研究主要集中在企业绩效、创业绩效、新创企业绩效等（史娟，2012；徐娟，2013；Mgeni，2015；黄胜兰，2015；张翔和丁虹，2016），但仍缺乏对创业型领导作用机制的深入探讨。本研究发现双元创业学习在创业型领导和新创企业成长之间发挥部分中介作用，从组织学习的角度出发，探讨创业型领导影响新创企业成长的内在机理，打开两者之间作用的"黑箱"。此外，本研究还发现组织冗余中的已吸收冗余负向调节创业型领导对新创企业成长的正向作用，从组织资源的角度明晰了创业型领导影响新创企业成长的边界条件。

6.3　实践启示

自我国经济进入"新常态"，经济在增速、动力等方面都发生了转变。经济转型必然会带来市场环境的快速变化。在"双创"背景下诞生的新创企业在提供就业岗位的同时，因其创业模式不健全、合法性不足等先天性缺陷面临着生存发展的问题（张秀娥和徐雪娇，2019）。在快速变迁的环境下，如何保证新创企业成长是考验我国创业者的重要现实难题。创业型领导具有审势相机、因势而动、构建网络、激情感召和激发创新五个维度，既强调积极应对外部环境，又强调与内部员工的互动。作为一种全新的领导方式，创业型领导能够顺应复杂不确定的竞争环境。

首先，本书通过质化研究，为实践界澄清了创业型领导的丰富内涵，构建了创业型领导的本土概念模型。创业型领导本土化概念模型可以运用于组织内创业型领导的培养，具体来说，新创企业的领导者在实际管理过程中遇到困难，可以依据本书得到的 5 个维度展开相应的培训，不断地完善领导方式，带领企业适应多变的竞争环境。

其次，本书所构建的创业型领导量表可供实践界直接使用，这一测量工具可以广泛应用于创业型领导的考核及行为检测中。企业可以通过员工填写测量量表的方式，考核领导者是否具备创业型领导特征，并对结果量化处理，使领导者能够根据结果不断调整自身的行为方式。

最后，本书所进行的实证研究结果表明，创业型领导对新创企业成长具有积极的促进作用；双元创业学习在创业型领导对新创企业的影响中发挥部分中介作用；组织冗余中的已吸收冗余在创业型领导对新创企业的影响中具有负向调节作用。因此，组织领导者要做到及时洞察经营机会和危机，分析形势环境，识别并充分利用机会，鼓励员工创新，影响员工朝着目标努力奋斗，以达到实现新创企业成长的目的。除创业型领导对新创企业成长的直接效应外，其还能通过双元创业学习促进新创企业成长，同时管理者在实践中可以通过利用式创业学习整合企业内部知识，探索式创业学习获取新知识，提高自身知识存量，继而促进新创企业的成长，同时对政府及相关职能部门在促进创业者创业学习、创新创业政策制定等方面也能提供理论参考（闫华飞和孙元媛，2019）。此外，创业型领导对新创企业的促进作用有特定的适用条件。企业所拥有不同类型的组织冗余的多少会影响创业型领导发挥作用的强弱，因此，新创企业在面临较多的已吸收冗余时，要结合企业自身资源状况、组织特征等因素合理配置，提高资源的利用效率，避免盲目增加投入。

6.4 研究局限性

本书虽然取得了一些有价值的结论，但由于研究能力以及研究条件的限制，还存在很多的局限性，有待于在未来研究中进一步完善。

第一，本书虽然采用经典扎根理论研究方法来澄清创业型领导的内涵结构，但在编码时都是研究者手动完成的，这使得编码结果可能受编码者的主观意识所影响，从而降低编码的准确性。在未来的研究中，可采用人工编码与软件编码相结合的方法，运用质性分析软件对收集到的数据进行更为严谨的编码分析，以期得到更加准确的编码分析结果。

第二，用于开发创业型领导本土化量表的样本收集时间间隔较为密集，且都属于横截面数据，并采用员工填答的方式，可能导致同源方法偏差的问题，因此在今后研究中可尽量采用纵向研究设计，分时间段对数据进行采集，以此降低同源方法偏差的可能性。此外，在进行创业型领导测量量表的预测效度检验时，选取了员工层面的变量和企业层面的变量，没有考虑到可能存在的跨层影响，未来的研究应尽可能地运用跨层次分析法探讨创业型领导对个体、团队和组织水平的多水平影响机制。

第三，在创业型领导对新创企业成长的作用机制研究中，一方面，收集到的用于实证分析的数据均为横截面数据，且均为同一人作答，可能导致不能够完全清晰地解释各变量间的因果关系。在日后的调查中可尽量选择纵向研究设计，以便更好地对变量间的因果关系进行检验。另一方面，研究分别对利用式创业学习和探索式创业学习的中介作用进行了检验，但未考虑两者间的关系在创业型领导与新创企业成长间的中介效应，未来可以进一步研究利用式创业学习和探索式创业学习的联合均衡与匹配均衡在其中的作用。

6.5 未来研究方向

尽管本书已经展开了一系列有意义的研究，但中国情境下的创业型领导研究尚处于起步阶段，还有许多问题值得学者关注。

第一，本书建构的创业型领导量表需要进行跨样本和跨文化的重复性检验。本书的数据来自江苏部分地区，但中国其他城市没有包括在内。因此，需要后续的研究运用不同地区的样本数据，对本书开发的量表进行信效度检验，以提高研究结论的普适性。

第二，未来研究可采用长时期的追踪调查、实验法等多种调查方法，探讨创业型领导的作用机制。本书采用深度访谈和问卷调查（创业型领导的开放式问卷、员工的自陈问卷），但由于中国情境下创业型领导还未形成完整的理论体系，组织中领导和员工对创业型领导理论并不熟悉，因此他们的调查数据无法完全表达出其意愿。未来研究需要结合其他调查方法，如观察法、实验法及追踪法，研究创业型领导的行为特征，探究创业型领导的有效性。

第三，创业型领导作为一个多维度结构变量，其影响效应是多层面的，因此未来研究可以跨层次分析创业型领导的影响效果。本书仅研究组织层面的结果变量，没有考虑个体层面和团队层面的后果变量。本书以双元创业学习为中介变量，从组织学习的角度考察了创业型领导影响新创企业成长的作用路径，未来研究还可以考虑战略柔性（张翔和丁栋虹，2016）、创业关系网络①、商业模式创新（郭海和韩佳平，2019）等因素发挥的作用。

第四，情境是创业型领导研究的核心，也是帮助解释创业型领导发挥作用的边界条件②。本书选取组织冗余为调节变量，分析在不同类型的组织冗余情境下创业型领导作用于新创企业成长的强弱。未来可以从地区市场化水平等外部制度环境视角下考察创业型领导影响新创企业成长的边界条件③④。

---

① 曹院平. 创业关系网络对新创企业成长的影响研究——基于农民工创业视角 [J]. 技术经济与管理研究, 2019 (10): 46 – 51.

② 黄超. 创业型领导情境因素的内涵与作用机理 [J]. 领导科学, 2018 (14): 51 – 53.

③ 吴长征. 创业者受教育水平影响新创企业成长吗？——地区市场化水平的调节效应 [J]. 中山大学学报（社会科学版）, 2019, 59 (1): 199 – 208.

④ 赵彩虹, 宋洋, 文正再, 等. 产业集聚对新创企业成长的作用机制研究 [J]. 工业技术经济, 2019, 38 (11): 153 – 160.

参考文献

［1］ Aaker D A, Mascarenhas B. The need for strategic flexibility ［J］. The Journal of Business Strategy, 1984, 5 (2): 74 –82.

［2］ Al Mamun A, Ibrahim M, Yusoff M, et al. Entrepreneurial leadership, performance, and sustainability of micro – enterprises in Malaysia ［J］. Sustainability, 2018, 10 (5): 1591 –1614.

［3］ Alessandri T, Cerrato D, Depperu D. Organizational slack, experience, and acquisition behavior across varying economic environments ［J］. Management Decision, 2014, 52 (5): 967 –982.

［4］ Allan G. In pursuit of a new enterprise and entrepreneurship paradigm for learning: Creative destruction, new values, new ways of doing things and new combination of knowledge ［J］. International Journal of Management Reviews, 2002, 4 (3): 233 –269.

［5］ Amason A C, Shrader R C, Tompson G H. Newness and novelty: Relating top management team composition to new venture performance ［J］. Journal of Business Venturing, 2006, 21 (1): 125 –148.

［6］ Anderson J C, Gerbing D W. Predicting the performance of measures in a confirmatory factor analysis with a pretest assessment of their substantive validities ［J］. Journal of Applied Psychology, 1991, 76 (5): 732 –740.

［7］ Armstrong J S, Overton T S. Estimating nonresponse bias in mail surveys ［J］. Journal of Marketing Research, 1977, 14 (3): 396 –402.

［8］ Arora P, Dharwadkar R. Corporate governance and corporate social responsibility (CSR): The moderating roles of attainment discrepancy and organization slack

［J］. Corporate Governance：An International Review, 2011, 19 (2)：136 – 152.

［9］Arshi T A, Viswanath S. Entrepreneurial leadership and innovation：An empirical study on organizational leadership characteristics and entrepreneurial innovation intensity ［J］. American Journal of Social Issues & Humanities, 2013, 3 (5)：234 – 243.

［10］Atuahene – Gima K, Murray J Y. Exploratory and exploitative learning in new product development：A social capital perspective on new technology ventures in China ［J］. Journal of International Marketing, 2007, 15 (2)：1 – 29.

［11］Bagheri A, Akbari M. The impact of entrepreneurial leadership on nurses' innovation behavior ［J］. Journal of Nursing Scholarship, 2018, 50 (1)：28 – 35.

［12］Baron R A, Hmieleski K M, Henry R A. Entrepreneurs' dispositional positive affect：The potential benefits and potential costs of being "up" ［J］. Journal of Business Venturing, 2012, 27 (3)：310 – 324.

［13］Batjargal B, Hitt M A, Tsui A S, et al. Institutional polycentrism, entrepreneurs' social networks, and new venture growth ［J］. Academy of Management Journal, 2013, 56 (4)：1024 – 1049.

［14］Baum J R, Locke E A. The relationship of entrepreneurial traits, skill, and motivation to subsequent venture growth ［J］. Journal of Applied Psychology, 2004, 89 (4)：587 – 598.

［15］Bierly P E, Kessler E H, Christensen E W. Organizational learning, knowledge and wisdom ［J］. Journal of Organizational Change Management, 2000, 13 (6)：595 – 618.

［16］Biggadike R. The risky business of diversification ［M］. Readings in Strategic Management. Palgrave, London, 1989：177 – 190.

［17］Bourgeois Ⅲ L J. On the measurement of organizational slack ［J］. Academy of Management Review, 1981, 6 (1)：29 – 39.

［18］Bourgeois L J, Singh J V. Organizational slack and political behavior within top management groups ［J］. Academy of Management Proceedings, 1983 (43)：43 – 49.

［19］Bromiley P. Testing a causal model of corporate risk taking and performance ［J］. Academy of Management Journal, 1991, 34 (1)：37 – 59.

[20] Brush C. International entrepreneurship: The effect of firm age on motives for internationalization [J]. Hypertension, 1995, 60 (3): 78 – 85.

[21] Bryman A, Cramer D. Quantitative data analysis with SPSS for Windows: A guide for social scientists [M]. Routledge, 1997.

[22] Busenitz L W, Plummer L A, Klotz A C, et al. Entrepreneurship research (1985 – 2009) and the emergence of opportunities [J]. Entrepreneurship Theory & Practice, 2014, 38 (5): 981 – 1000.

[23] Cai W, Lysova E I, Khapova S N, et al. Does entrepreneurial leadership foster creativity among employees and teams? The mediating role of creative efficacy beliefs [J]. Journal of Business and Psychology, 2019, 34 (2): 203 – 217.

[24] Capon N, Farley J U, Hoenig S. Determinants of financial performance: A meta – analysis [J]. Management Science, 1990, 36 (10): 1143 – 1159.

[25] Cardon M S, Glauser M, Murnieks C Y. Passion for what? Expanding the domains of entrepreneurial passion [J]. Journal of Business Venturing Insights, 2017, 8 (3): 24 – 32.

[26] Cardon M S, Wincent J, Singh J, et al. The nature and experience of entrepreneurial passion [J]. Academy of Management Review, 2009, 34 (3): 511 – 532.

[27] Chen M H. Entrepreneurial leadership and new ventures: Creativity in entrepreneurial teams [J]. Creativity & Innovation Management, 2007, 16 (3): 239 – 249.

[28] Chen Y C, Li P C, Lin Y H. How inter – and intra – organisational coordination affect product development performance: The role of slack resources [J]. Journal of Business & Industrial Marketing, 2013, 28 (2): 125 – 136.

[29] Chesbrough, Henry, Wim Vanhaverbeke, et al. Open innovation: Researching a new paradigm [M]. Oxford University Press on Demand, 2006.

[30] Child J. Organizational structure, environment and performance: The role of strategic choice [J]. Sociology, 1972, 6 (1): 1 – 22.

[31] Chiu C C, Owens B P, Tesluk P E. Initiating and utilizing shared leadership in teams: The role of leader humility, team proactive personality, and team performance capability [J]. Journal of Applied Psychology, 2016, 101 (12): 1705 – 1720.

［32］ Chiu Y C, Liaw Y C. Organizational slack: Is more or less better? ［J］. Journal of Organizational Change Management, 2009, 22 (3): 321 – 342.

［33］ Chrisman J J, Bauerschmidt A, Hofer C W. The determinants of new venture performance: An extended model ［J］. Entrepreneurship Theory & Practice, 1998, 23 (1): 5 – 29.

［34］ Cohen M D, March J G, Olsen J P. A garbage can model of organizational choice ［J］. Administrative Science Quarterly, 1972, 17 (1): 1 – 25.

［35］ Colombo M G, Grilli L, Murtinu S. R&D subsidies and the performance of high – tech start – ups ［J］. Economics Letters, 2011, 112 (1): 97 – 99.

［36］ Cope J. Entrepreneurial learning from failure: An interpretative phenomenological analysis ［J］. Journal of Business Venturing, 2011, 26 (6): 604 – 623.

［37］ Covin J G, Slevin D P. Empirical relationship among strategic posture environmental context variables, and new venture performance ［J］. Frontiers Entrepreneurship Research, 1989, 16 (5): 124 – 133.

［38］ Covin J G, Slevin D P. The entrepreneurial imperatives of strategic leadership ［M］. In Hitt M A, Ireland R D, Camp S M and Sexton D L (Eds.), strategic entrepreneurship: Creating a new mindset. Oxford: Blackwell Publishers, 2002: 309 – 327.

［39］ Cyert R M, March J. A behavioral theory of the firm ［M］. Englewood Cliffs: Prentice Hall, 1963.

［40］ Davis P. Retrieving the co – operative value – based leadership model of terry thomas ［J］. Journal of Business Ethics, 2016, 135 (3): 557 – 568.

［41］ De Baerdemaeker J, Bruggeman W. The impact of participation in strategic planning on managers' creation of budgetary slack: The mediating role of autonomous motivation and affective organizational commitment ［J］. Management Accounting Research, 2015 (29): 1 – 12.

［42］ Dean H, Ford J. Discourses of entrepreneurial leadership: Exposing myths and exploring new approaches ［J］. International Small Business Journal, 2017, 35 (2): 178 – 196.

［43］ Dehning B, Dow K E, Stratopoulos T. Information technology and organizational slack ［J］. International Journal of Accounting Information Systems, 2004, 5

(1): 51 – 63.

[44] Delaney J T, Huselid M A. The impact of human resource management practices on perceptions of organizational performance [J]. Academy of Management journal, 1996, 39 (4): 949 – 969.

[45] Delmar F, Shane S. Legitimating first: Organizing activities and the survival of new ventures [J]. Journal of Business Venturing, 2004, 19 (3): 385 – 410.

[46] Dess G G, Robinson J R B. Measuring organizational performance in the absence of objective measures: The case of the privately - held firm and conglomerate business unit [J]. Strategic Management Journal, 1984, 5 (3): 265 – 273.

[47] Devarajan T P, Ramachandran K. Entrepreneurial leadership and thriving innovation activity [J]. Journal of Business Venturing, 2002, 23 (3): 1190 – 1199.

[48] Diamanto Politis. The process of entrepreneurial learning: A conceptual framework [J]. Entrepreneurship Theory & Practice, 2005, 29 (4): 399 – 424.

[49] Dimick D E, Murray V V. Correlates of substantive policy decisions in organizations: The case of human resource management [J]. Academy of Management Journal, 1978, 21 (4): 611 – 623.

[50] Dutta D K, Malhotra S, Zhu P C. Internationalization process, impact of slack resources, and role of the CEO: The duality of structure and agency in evolution of cross – border acquisition decisions [J]. Journal of World Business, 2016, 51 (2): 212 – 225.

[51] Eisenhardt K M, Brown S L, Neck H M. Competing on the entrepreneurial edge [J]. Entrepreneurship as Strategy, 2000: 49 – 62.

[52] Ensley M D, Peacre C L, Hmielesk K M. The moderating effect of environmental dynamism on the relationship between entrepreneur leadership behavior and new venture performance [J]. Journal of Business Venturing, 2006, 21 (2): 243 – 263.

[53] Ensley M D, Pearson A W, Amason A C. Understanding the dynamics of new venture top management teams: Cohesion, conflict, and new venture performance [J]. Journal of Business Venturing, 2002, 17 (4): 365 – 386.

[54] Ettlie J E, Bridges W P, Okeefe R D. Organization strategy and structural differences for radical versus incremental innovation [J]. Management Science, 1984, 30 (6): 682 – 695.

［55］ Devotta K, Woodhall – Melnik J, Pedersen C, et al. Enriching qualitative research by engaging peer interviewers: A case study ［J］. Qualitative Research, 2016, 16 (6): 661 – 680.

［56］ Farh J L, Zhong C B, Organ D W. Organizational citizenship behavior in the people's republic of China ［J］. Organization Science, 2004, 15 (2): 241 – 253.

［57］ Femald L W, Solomon G T, Tarabishy A. A new paradigm: Entrepreneurial leadership ［J］. Southern Business Review, 2005, 30 (2): 1 – 10.

［58］ Fontana A, Musa S. The impact of entrepreneurial leadership on innovation management and its measurement validation ［J］. International Journal of Innovation Science, 2017, 9 (1): 2 – 19.

［59］ Franquesa J, Brandyberry A. Organizational slack and information technology innovation adoption in SMEs ［J］. International Journal of E – Business Research, 2009, 5 (1): 25 – 48.

［60］ Freeman D, Siegfried R L. Entrepreneurial leadership in the context of company start – up and growth ［J］. Journal of Leadership Studies, 2015, 8 (4): 35 – 39.

［61］ Gangi Y A, Timan E. An empirical investigation of entrepreneurial environment in Sudan ［J］. World Journal of Entrepreneurship, Management and Sustainable Development, 2013, 9 (3): 168 – 177.

［62］ Garwin D A. Building a learning organization ［J］. Harvard Business Review, 1993, 71 (4): 73 – 91.

［63］ Gilbert B A, Mcdougall P P, Audretsch D B. New venture growth: A review and extension ［J］. Journal of Management, 2006, 32 (6): 926 – 950.

［64］ Glaser B G, Strauss A L. The discovery of grounded theory: Strategies for qualitative research ［M］. New York: Aldine, 1967.

［65］ Glaser B G. Theoretical sensitivity: Advances in the methodology of grounded theory ［M］. Mill Valley, CA: Sociology Press, 1978.

［66］ Glaser B. Basics of grounded theory analysis ［M］. Mill Valley, CA: Sociology Press, 1992.

［67］ Greenley G E, Oktemgil M. A comparison of slack resources in high and low performing British companies [J]. Journal of Management Studies, 1998, 35 (3): 377 – 398.

[68] Greiner L E. Evolution and revolution as organizations grow [J]. Harvard Business Review, 1972, 50 (4): 37 – 46.

[69] Gronum S, Verreynne M L, Kastelle T. The role of networks in small and medium – sized enterprise innovation and firm performance [J]. Journal of Small Business Management, 2012, 50 (2): 257 – 282.

[70] Gulati R, Gargiulo M. Where do interorganizational networks come from? [J]. American Journal of Sociology, 1999, 104 (5): 1439 – 1493.

[71] Gupta V, MacMillan I C, Surie G. Entrepreneurial leadership: Developing and measuring a cross – cultural construct [J]. Journal of Business Venturing, 2004, 19 (2): 241 – 260.

[72] Halme M, Korpela M. Responsible innovation toward sustainable development in small and medium – sized enterprises: A resource perspective [J]. Business Strategy and the Environment, 2014, 23 (8): 547 – 566.

[73] Harrison R T, Leitch C M. Entrepreneurial learning: Researching the interface between learning and the entrepreneurial context [J]. Entrepreneurship Theory Practice, 2005, 29 (4): 351 – 371.

[74] Hejazi S A M, Malei M M, Naeiji M J. Designing a scale for measuring entrepreneurial leadership in SMEs [C] //International Conference on Economics, Marketing and Management, IPEDR. 2012, 28 (2): 71 – 77.

[75] Herscovitch L, Meyer J P. Commitment to organizational change: Extension of a three – component model. [J] Journal of Applied Psychology, 2002, 87 (3): 474 – 487.

[76] Hitt M A, Haynes K T, Serpa R. Strategic leadership for the 21st century [J]. Business Horizons, 2010, 53 (5): 437 – 444.

[77] Hitt M A, Ireland R D, Camp S M, et al. Strategic entrepreneurship: Entrepreneurial strategies for wealth creation [J]. Strategic Management Journal, 2001, 22 (6 – 7): 479 – 491.

[78] Hofstede G, Bond M H. Hofstede's culture dimensions: An independent validtion using Rokeach's value Survey [J]. Journal of Cross – Cultural Psychology,

2016, 15 (6): 417 – 433.

[79] Holcomb T R, Ireland R D, Holmes Jr R M, et al. Architecture of entrepreneurial learning: Exploring the link among heuristics, knowledge, and action [J]. Entrepreneurship Theory and Practice, 2009, 33 (1): 167 – 192.

[80] Holt D H. Entrepreneurship: New venture creation [M]. New Jersey: Prentice Hall, 1992.

[81] Huang J W, Li Y H. Slack resources in team learning and project performance [J]. Journal of Business Research, 2012, 65 (3): 381 – 388.

[82] Huang S, Ding D, Chen Z. Entrepreneurial leadership and performance in Chinese new ventures: A moderated mediation model of exploratory innovation, exploitative innovation and environmental dynamism [J]. Creativity and Innovation Management, 2014, 23 (4): 453 – 471.

[83] Hughes M, Eggers F, Kraus S, et al. The relevance of slack resource availability and networking effectiveness for entrepreneurial orientation [J]. International Journal of Entrepreneurship and Small Business, 2015, 26 (1): 116 – 138.

[84] Ibrahim M D, Mamun A A, Yusoff M N H B. Validating the instrument adapted to measure entrepreneurial leadership [J]. International Business Management, 2017, 11 (8): 1620 – 1628.

[85] Ireland R D, Hitt M A, Sirmon D G. A model of strategic entrepreneurship: The construct and its dimensions [J]. Journal of Management, 2003, 29 (6): 963 – 989.

[86] Ireland R D, Hitt M A. Achieving and maintaining strategic competitiveness in the 21st century: The role of strategic leadership [J]. Academy of Management Executive, 1999, 13 (1): 43 – 57.

[87] Jensen M C, Meckling W H. Theory of the firm: Managerial behavior, agency cost, and ownership structure [J]. Journal of Financial Economics, 1976 (3): 305 – 360.

[88] Jones O, Crompton H. Enterprise logic and small firms: A model of authentic entrepreneurial leadership [J]. Journal of Strategy and Management, 2009, 2 (4): 329 – 351.

[89] Ju M, Zhao H. Behind organizational slack and firm performance in China:

The moderating roles of ownership and competitive intensity [J] . Asia Pacific Journal of Management, 2009, 26 (4): 701 – 717.

[90] Kansikas J, Laakkonen A, Sarpo V, et al. Entrepreneurial leadership and familiness as resources for strategic entrepreneurship [J] . International Journal of Entrepreneurial Behavior and Research, 2012, 18 (2): 141 – 158.

[91] Kaplan R S, Norton D P. Linking the balanced scorecard to strategy [J] . California Management Review, 1996, 39 (1): 53 – 79.

[92] Kazanjian R K, Drazin R. A stage – contingent model of design and growth for technology based new ventures [J] . Journal of Business Venturing, 1990, 5 (3): 137 – 150.

[93] Kiss A N, Barr P S. New product development strategy implementation duration and new venture performance: A contingency – based perspective [J] . Journal of Management, 2014, 26 (3): 638 – 640.

[94] Koryak O, Mole K F, Lockett A, et al. Entrepreneurial leadership, capabilities and firm growth [J] . International Small Business Journal, 2015, 33 (1): 89 – 105.

[95] Laspita S, Breugst N, Heblic S, et al. Intergenerational transmission of entrepreneurial intentions [J] . Journal of Business Venturing, 2012, 27 (4): 414 – 435.

[96] Lee D Y, Tsang E W K. The effects of entrepreneurial personality, background and network activities on venture growth [J] . Journal of Management Studies, 2001, 38 (4): 583 – 602.

[97] Lee S. Slack and innovation: Investigating the relationship in Korea [J] . Journal of Business Research, 2015, 68 (9): 1895 – 1905.

[98] Leitch C M, McMullan C, Harrison R T. The development of entrepreneurial leadership: The role of human, social and institutional capital [J] . British Journal of Management, 2013, 24 (3): 347 – 366.

[99] Leyva – de I H D I, Ferron – Vilchez V, Aragon – Correa J A. Do firms' slack resources influence the relationship between focused environmental innovations and financial performance? More is not always better [J] . Journal of Business Ethics, 2019, 159 (4): 1215 – 1227.

[100] Li H, Zhang Y. The role of managers' political networking and functional experience in new venture performance: Evidence from China's transition economy [J]. Strategic Management Journal, 2007, 28 (8): 791 –804.

[101] Lin W T, Cheng K Y, Liu Y. Organizational slack and firm's internationalization: A longitudinal study of high – technology firms [J]. Journal of World Business, 2009, 44 (4): 397 –406.

[102] Ling Y H, Jaw B H. Entreprenenurial leadership, human capital management, and global competitiveness: An empirical study of Taiwan MNCs [J]. Journal of Chinese Human Resource Management, 2011, 21 (2): 117 –135.

[103] Lo C O. Literature integration: An illustration of theoretical sensitivity in grounded theory studies [J]. Humanistic Psychologist, 2016, 44 (2): 177 –189.

[104] Lu L H, Huang Y F. Manufacturing strategy, organizational slack, and the formation of interfirm linkages [J]. Chinese Management Studies, 2019, 13 (1): 70 –92.

[105] Lumpkin G T, Dess G G. Clarifying the entrepreneurial orientation construct and linking it to performance [J]. Academy of Management Review, 1996, 21 (1): 135 –172.

[106] March J G. Rationality, foolishness, and adaptive intelligence [J]. Strategic Management Journal, 2006, 27 (3): 201 –214.

[107] March J, Simon H. Organizations [M]. Wiley: New York, 1958.

[108] Marvel M R, Lumpkin G T. Technology entrepreneurs' humancapital and its effects on innovation radicalness [J]. Entrepreneurship Theory and Practice, 2007, 31 (6): 807 –828.

[109] McDougall P P, Oviatt B M. New venture internationalization, strategic change, and performance: A follow – up study [J]. Journal of Business Venturing, 1996, 11 (1): 23 –40.

[110] McGrath R G, MacMillan I C. The entrepreneurial mindset: Strategies for continuously creating opportunity in an age of uncertainty [M]. Harvard Business Press, 2000.

[111] Mgeni T O. Impact of entrepreneurial leadership style on business performance of SMEs in Tanzania [J]. Journal of Entrepreneurship & Organization Manage-

ment, 2015, 4 (2): 1 – 9.

[112] Miller D. The correlates of entrepreneurship in three types of firms [J].
Management Science, 1983, 29 (7): 770 – 791.

[113] Minniti M, Bygrave W. A dynamic model of entrepreneurial learning
[J]. Entrepreneurship Theory and Practice, 2001, 25 (3): 5 – 16.

[114] Mintzberg H, Ahlstrand B W, Lampel J, et al. Strategy bites back: It is a
lot more, and less, than you ever imagined [M]. Pearson Education, 2005.

[115] Mitchell R K, Busenitz L W, Bird B, et al. The central question in entre-
preneurial cognition research [J]. Entrepreneurship Theory and Practice, 2007, 31
(1): 1 – 27.

[116] Mokhber M, Tan G G, Vakilbashi A, et al. Impact of entrepreneurial
leadership on organization demand for innovation: Moderating role of employees innova-
tive self – efficacy [J]. International Review of Management & Marketing, 2016, 6
(3): 415 – 421.

[117] Mokhber M, Wan Ismail W K, Vakilbashi A, et al. Towards understand-
ing the influence of entrepreneurial leadership on organization demand for innovation
[J]. Advanced Science Letters, 2015, 21 (5): 1481 – 1484.

[118] Morris M H, Schindehutte M, LaForge R W. The emergence of entrepre-
neurial marketing: Nature and meaning [C] //15th Annual UIC Research Symposium
on Marketing and Entrepreneurship. 2001.

[119] Mousa F T, Chowdhury J. Organizational slack effects on innovation: The
moderating roles of CEO tenure and compensation [J]. Journal of Business Economics
and Management, 2014, 15 (2): 369 – 383.

[120] Murphy G B, Trailer J W, Hill R C. Measuring performance in entrepre-
neurship research [J]. Journal of Business Research, 1996, 36 (1): 15 – 23.

[121] Murro E V B, Teixeira G B, Beuren I M, et al. Relationship between or-
ganizational slack and innovation in companies of bm&fbovespa [J]. Ram Revista De
Administraçao Mackenzie, 2016, 17 (3): 132 – 157.

[122] Nasution H N, Mavondo F T, Matanda M J, et al. Entrepreneurship: Its
relationship with market orientation and learning orientation and as antecedents to inno-
vation and customer value [J]. Industrial Marketing Management, 2011, 40 (3):

336 - 345.

[123] Nelson M W, Proell C A, Randel A. Team - oriented leadership and auditors' willingness to raise audit issues [J]. Accouting Review, 2016, 91 (6): 1781 - 1805.

[124] Newman A, Herman H M, Schwarz G, et al. The effects of employees' creative self - efficacy on innovative behavior: The role of entrepreneurial leadership [J]. Journal of Business Research, 2018, 89 (1): 1 - 9.

[125] Nohria N, Gulati R. Is slack good or bad for innovation? [J]. Academy of Management Journal, 1996, 39 (5): 1245 - 1264.

[126] Nunnally, J. Psychometric methods [M]. New York: McGraw - Hill, 1978.

[127] Paeleman I, Fuss C, Vanacker T. Untangling the multiple effects of slack resources on firms' exporting behavior [J]. Journal of World Business, 2017, 52 (6): 769 - 781.

[128] Rarry K, Kernpster S. Love and leadership: Constructing follower narrative identities of charismatic leadership [J]. Social Science Electronic Publishing, 2018, 45 (1): 21 - 38.

[129] Podsakoff P M, Mackenzie S B, Bommer W H. Transformational leader behaviors and substitutes for leadership as determinants of employee satisfaction, commitment, trust, and organizational citize nship behaviors [J]. Journal of Management, 1996, 22 (2): 259 - 298.

[130] Politis D. The process of entrepreneurial learning: A conceptual framework [J]. Entrepreneurship Theory and Practice, 2005, 29 (4): 399 - 424.

[131] Rae D, Carswell M. Towards a conceptual understanding of entrepreneurial learning [J]. Journal of Small Business and Enterprise Development, 2001, 8 (2): 150 - 158.

[132] Rae D. Understanding entrepreneurial learning: A question of how? [J]. International Journal of Entrepreneurial Behavior & Research, 2000, 6 (3): 145 - 159.

[133] Renko M, El Tarabishy A, Carsrud A L, et al. Understanding and measuring entrepreneurial leadership style [J]. Journal of Small Business Management,

2015, 53 (1): 54 -74.

[134] Robbins S P. Organization theory: Structures, designs, And Applications, 3/e [M] . Pearson Education India, 1990.

[135] Robinson K C. An examination of the influence of industry structure on eight alternative measures of new venture performance for high potential independent new ventures [J] . Journal of Business Venturing, 1999, 14 (2): 165 -187.

[136] Rowe W G. Creating wealth in organizations: The role of strategic leadership [J] . Academy of Management Executive, 2001, 15 (1): 81 -94.

[137] Sakaluk J K, Short S D. A methodological review of exploratory factor analysis in sexuality research: Used practices, best Practices, and data analysis resources [J] . Journal of Sex Research, 2017, 54 (1): 1 -9.

[138] Sandberg W R, Hofer C W. Improving new venture performance: The role of strategy, industry structure, and the entrepreneur [J] . Journal of Business Venturing, 1987, 2 (1): 5 -28.

[139] Sardana D, Scott - Kemmis D. Who learns what? A study based on entrepreneurs from biotechnology new ventures [J] . Journal of Small Business Management, 2010, 48 (3): 441 -468.

[140] Segars A H. Assessing the unidimensionality of measurement: A paradigm and illustration within the context of information systems research [J] . Omega, 1997, 25 (1): 107 -121.

[141] Sharfman M P, Wolf G, Chase R B, et al. Antecedents of organizational slack [J] . Academy of Management Review, 1988, 13 (4): 601 -614.

[142] Shrader R. Influences on and performance implications of internationalization by publicly owned US new ventures: A risk taking perspective [D] . Georgia State University, 1996.

[143] Siddiqui S. An empirical study of traits determining entrepreneurial leadership - An educational perspective [J] . Skyline Business Journal, 2007 (4): 37 - 44.

[144] Simsek Z, Veiga J F, Lubatkin M H. The impact of managerial environmental perceptions on corporate entrepreneurship: Towards understanding discretionary slack's pivotal role [J] . Journal of Management Studies, 2007, 44 (8): 1398 -

1424.

[145] Singh J V, House T R J. Organizational legitimacy and the liability of new-ness [J]. Administrative Science Quarterly, 1986, 31 (2): 171 – 193.

[146] Singh J V. Performance, slack, and risk taking in organizational decision making [J]. Academy of Management Journal, 1986, 29 (3): 562 – 585.

[147] Song M, Droge C, Calantone H R. Marketing and technology resource complementarity: An analysis of their interaction effect in two environmental contexts [J]. Strategic Management Journal, 2005, 26 (3): 259 – 276.

[148] Stam W, Elfring T. Entrepreneurial orientation and new venture perform-ance: the moderating role of intra – and extraindustry social capital [J]. Academy of Management Journal, 2008, 51 (1): 97 – 111.

[149] Stuart R, Abetti P A. Start – up ventures: Towards the prediction of initial success [J]. Journal of Business Venturing, 1987, 2 (3): 215 – 230.

[150] Su Z F, Li J Y, Yang Z P, et al. Exploratory learning and exploitative learning in different organizational structures [J]. Asia Pacific Journal of Management, 2011, 28 (4): 697 – 714.

[151] Sullivan P H. Value driven intellectual capital: How to convert intangible corporate assets into market value [M]. John Wiley & Sons, Inc., 2000.

[152] Surie G, Ashley A. Integrating pragmatism and ethics in entrepreneurial leadership for sustainable value creation [J]. Journal of Business Ethics, 2008, 81 (1): 235 – 246.

[153] Swiercz P M, Lydon S R. Entrepreneurial leadership in high – tech firms: A field study [J]. Leadership & Organization Development Journal, 2002, 23 (7): 380 – 389.

[154] Tan J, Peng M. Organizational slack and firm performance during econom-ic transitions: Two studies from an emerging economy [J]. Strategic Management Jour-nal, 2003, 24 (13): 1249 – 1263.

[155] Teece D J, Pisano G, Shuen A. Dynamic capabilities and strategic man-agement [J]. Strategic Management Journal, 1997, 18 (7): 509 – 533.

[156] Thornberry N. Lead like an entrepreneur: keeping the entrepreneurial spir-it alive within the corporation [M]. Fairfield, PA: McGraw Hill, 2006.

[157] Townsend D M, Busenitz L W, Arthurs J D. To start or not to start: Outcome and ability expectations in the decision to start a new venture [J]. Journal of Business Venturing, 2010, 25 (2): 192 –202.

[158] Troilo G, De Luca L M, Atuahene – Gima K. More innovation with less? A strategic contingency view of slack resources, information search, and radical innovation [J]. Journal of Product Innovation Management, 2014, 31 (2): 259 –277.

[159] Tseng C H, Tansuhaj P, Hallagan W, et al. Effects of firm resources on growth in multinationality [J]. Journal of International Business Studies, 2007, 38 (6): 961 –974.

[160] Van Z H J C, Mathur Helm B. Exploring a conceptual model, based on the combined effects of entrepreneurial leadership, market orientation and relationship marketing orientation on South Africa's small tourism business performance [J]. South African Journal of Business Management, 2007, 38 (2): 17 –24.

[161] Vanacker T, Collewaert V, Paeleman I. The relationship between slack resources and the performance of entrepreneurial firms: The role of venture capital and angel investors [J]. Journal of Management Studies, 2013, 50 (6): 1070 –1096.

[162] Voss G B, Sirdeshmukh D, Voss Z G. The effects of slack resources and environmental threat on product exploration and exploitation [J]. Academy of Management Journal, 2008, 51 (1): 147 –164.

[163] Wall T D, Michie J, Patterson M, et al. On the validity of subjective measures of company performance [J]. Personnel Psychology, 2004, 57 (1): 95 – 118.

[164] Wang C J, Wu L Y. Team member commitments and start – up competitiveness [J]. Journal of Business Research, 2012, 65 (5): 708 –715.

[165] Wang C L, Tee D D, Ahmed P K. Entrepreneurial leadership and context in Chinese firms: A tale of two Chinese private enterprises [J]. Asia Pacific Business Review, 2012, 18 (4): 505 –530.

[166] Wang C L. Entrepreneurial orientation, learning orientation, and firm performance [J]. Entrepreneurship Theory and Practice, 2008, 32 (4): 635 –657.

[167] Wang D, Guo H, Liu L. One goal, two paths: How managerial ties impact business model innovation in a transition economy [J]. Journal of Organizational

Change Management, 2017, 30 (5): 779 - 796.

[168] Westhead P, Wright M, McElwee G. Entrepreneurship: Perspectives and cases [M]. Financial Times Prentice Hall, 2011.

[169] Wiklund J, Shepherd D. Entrepreneurial orientation and small business performance: A configurational approach [J]. Journal of Business Venturing, 2005, 20 (1): 71 - 91.

[170] Wu Y, Wei Z, Liang Q. Top management team diversity and strategic change: The moderating effects of pay imparity and organization slack [J]. Journal of Organizational Change Management, 2011, 24 (3): 267 - 281.

[171] Xu E, Yang H, Quan J M, et al. Organizational slack and corporate social performance: Empirical evidence from China's public firms [J]. Asia Pacific Journal of Management, 2015, 32 (1): 181 - 198.

[172] Yli - Renko H, Autio E, Tontti V. Social capital, knowledge, and the international growth of technology - based new firms [J]. International Business Review, 2002, 11 (3): 279 - 304.

[173] Zaech S, Baldegger U. Leadership in start - ups [J]. International Small Business Journal, 2017, 35 (2): 157 - 177.

[174] Zahra S A, Bogner W C. Technology strategy and software new ventures' performance - A Study of corporate - sponsored and independent biotechnology ventures [J]. Journal of Business Venturing, 2000, 15 (2): 135 - 173.

[175] Zahra S A. Environment, corporate entrepreneurship, and financial performance: A taxonomic approach [J]. Journal of Business Venturing, 1993, 8 (4): 319 - 340.

[176] Zahra S A. Technology strategy and financial performance: Examining the moderating role of the firm's competitive environment [J]. Journal of Business Venturing, 1996, 11 (3): 189 - 219.

[177] Zhao L, Aram J D. Networking and growth of young technology - intensive ventures in China [J]. Journal of Business Venturing, 1995, 10 (5): 349 - 370.

[178] 蔡光荣, 唐宁玉. 创业领导关键维度的探索性研究 [J]. 华东交通大学学报, 2006 (6): 45 - 49.

[179] 蔡莉, 单标安, 周立媛. 新创企业市场导向对绩效的影响——资源整

合的中介作用［J］．中国工业经济，2010（11）：77－86.

［180］蔡莉，单标安．创业网络对新企业绩效的影响——基于企业创建期，存活期及成长期的实证分析［J］．中山大学学报（社会科学版），2010，50（4）：194－202.

［181］蔡莉，单标安．中国情境下的创业研究：回顾与展望［J］．管理世界，2013（12）：166－175.

［182］蔡莉，尹苗苗．新创企业学习能力，资源整合方式对企业绩效的影响研究［J］．管理世界，2009（10）：129－132.

［183］蔡光荣，唐宁玉．创业领导关键维度的探索性研究［J］．华东交通大学学报，2006，23（6）：39－43.

［184］曹院平．创业关系网络对新创企业成长的影响研究——基于农民工创业视角［J］．技术经济与管理研究，2019（10）：46－51.

［185］曾萍，吕迪伟．中国企业成长战略选择：基于三种基础观的分析［J］．科技进步与对策，2015，32（4）：51－57.

［186］陈彪．战略形成，创业学习与新创企业绩效［J］．外国经济与管理，2017，39（9）：3－15.

［187］陈家淳，杨奇星，杜晓凤．组织冗余对行业多元化战略的影响研究［J］．财会通讯，2018（9）：39－42.

［188］陈金亮，林嵩，刘小元，等．企业家社会团体纽带与新创企业成长——信息处理观权变视角的探究［J］．管理评论，2019，31（5）：175－190.

［189］陈奎庆，马越，朱晴雯．中国情境下创业型领导的结构与测量［J］．常州大学学报（社会科学版），2019，20（3）：55－67.

［190］陈奎庆，朱晴雯，毛伟．创业型领导与新创企业成长——基于双元性创新的中介效应研究［J］．常州大学学报（社会科学版），2017，18（6）：61－71.

［191］陈爽英，杨晨秀，邵云飞．组织冗余与企业研发投资强度的非线性关系研究——基于中国上市公司面板数据的实证［J］．研究与发展管理，2016，28（5）：55－62.

［192］陈文沛．创业型领导影响员工创新行为多重中介效应的比较［J］．技术经济，2015，34（10）：29－33.

［193］陈文婷，李新春．中国企业创业学习：维度与检验［J］．经济管理，

2010 (8)：63 – 72.

　　[194] 程李梅，范珂．网络特征，资源获取对新创企业绩效影响研究[J]．工业技术经济，2014，33（1）：51 – 58.

　　[195] 崔连广，张玉利，闫旭．心潮澎湃才能喜出望外？——创业激情对新创企业绩效的作用机制研究 [J]．外国经济与管理，2019，41（8）：17 – 28.

　　[196] 崔月慧，葛宝山，董保宝．双元创新与新创企业绩效：基于多层级网络结构的交互效应模型 [J]．外国经济与管理，2018，40（8）：45 – 57.

　　[197] 戴维奇．组织冗余、公司创业与成长：解析不同冗余的异质影响 [J]．科学学与科学技术管理，2012，33（6）：156 – 164.

　　[198] 单标安，蔡莉，鲁喜凤，等．创业学习的内涵，维度及其测量[J]．科学学研究，2014，32（12）：1867 – 1875.

　　[199] 丁桂凤，李永耀，郑振宇．创业学习的概念，特征和模型 [J]．心理研究，2009，2（3）：69 – 73.

　　[200] 丁岳枫．创业组织学习与创业绩效关系研究 [C]．浙江：浙江大学，2006.

　　[201] 董延芳，张则月．中国创业者创业机会识别研究 [J]．经济与管理评论，2019，35（6）：57 – 67.

　　[202] 范雪灵，王小华．愿景型领导研究述评与展望 [J]．经济管理，2017，39（12）：174 – 189.

　　[203] 方润生，李雄诒．组织冗余的利用对中国企业创新产出的影响[J]．管理工程学报，2005，19（3）：15 – 20.

　　[204] 方润生，陆振华，王长林，等．不同类型冗余资源的来源及其特征：基于决策方式视角的实证分析 [J]．预测，2009，28（5）：61 – 66.

　　[205] 冯彩玲．差异化变革型领导对员工创新行为的跨层次影响 [J]．管理评论，2017，29（5）：120 – 130.

　　[206] 冯江平，罗国忠．我国企业魅力型领导的特质结构研究 [J]．心理科学，2009，32（1）：209 – 211 + 252.

　　[207] 付丙海，谢富纪，韩雨卿．创新链资源整合、双元性创新与创新绩效：基于长三角新创企业的实证研究 [J]．中国软科学，2015（12）：181 – 191.

　　[208] 高孟立．双元学习与服务创新绩效关系的实证研究——组织冗余与战

略柔性的调节作用 ［J］. 科技管理研究, 2017 (14): 202 - 212.

［209］高山行, 李妹, 江旭. 能力二元性对企业竞争力的影响研究——组织冗余的调节效应 ［J］. 科学学与科学技术管理, 2015, 36 (5): 137 - 147.

［210］葛宝山, 谭凌峰, 生帆, 等. 创新文化、双元学习与动态能力关系研究 ［J］. 科学学研究, 2016, 34 (4): 153 - 163.

［211］郭海, 韩佳平. 数字化情境下开放式创新对新创企业成长的影响: 商业模式创新的中介作用 ［J］. 管理评论, 2019, 31 (6): 186 - 198.

［212］郭立新, 陈传明. 组织冗余与企业技术创新绩效的关系研究——基于中国制造业上市公司面板数据的实证分析 ［J］. 科学学与科学技术管理, 2010, 31 (11): 54 - 62.

［213］郭衍宏, 高英, 李思志. 创业型领导对追随者创造力的影响——工作情境与非工作情境双路径研究 ［J］. 科技进步与对策, 2019, 36 (19): 145 - 152.

［214］侯杰泰, 温忠麟, 成子娟. 结构方程模型及其应用 ［M］. 北京: 经济科学出版社, 2004.

［215］胡望斌, 张玉利, 牛芳. 我国新企业创业导向、动态能力与企业成长关系实证研究 ［J］. 中国软科学, 2009 (4): 107 - 118.

［216］黄超. 创业型领导情境因素的内涵与作用机理 ［J］. 领导科学, 2018 (14): 51 - 53.

［217］黄金鑫, 陈传明. 冗余资源对成长性企业绩效影响研究——基于我国创业板企业的实证研究 ［J］. 广西社会科学, 2015 (1): 69 - 74.

［218］黄胜兰. 创业型领导对新创企业绩效的作用机理研究 ［D］. 合肥: 中国科学技术大学, 2015.

［219］贾旭东, 谭新辉. 经典扎根理论及其精神对中国管理研究的现实价值 ［J］. 管理学报, 2010, 7 (5): 656 - 665.

［220］姜定宇, 郑伯埙, 任金刚, 等. 组织忠诚: 本土化的建构与测量 ［J］. 本土心理学研究, 2003, 19 (6): 273 - 337.

［221］蒋春燕, 赵曙明. 社会资本和公司企业家精神与绩效的关系: 组织学习的中介作用——江苏与广东新兴企业的实证研究 ［J］. 管理世界, 2006 (10): 90 - 99 + 171 - 172.

［222］蒋春燕, 赵曙明. 组织冗余与绩效的关系: 中国上市公司的时间序列

实证研究 [J]．管理世界，2004（5）：108－115.

[223] 金雄，金怡伶．创业型领导力对创业绩效的影响研究——以延边地区民营企业为例 [J]．延边大学学报（社会科学版），2016，49（5）：70－81.

[224] 李超平，时勘．变革型领导的结构与测量 [J]．心理学报，2005（6）：97－105.

[225] 李恒，李玉章，陈昊，等．创业型领导对员工组织承诺和工作满意度的影响——考虑情绪智力的中介作用 [J]．技术经济，2014，33（1）：66－74.

[226] 李宏贵，张月琪，陈忠卫．技术逻辑、制度逻辑与新创企业创新绩效——基于新创企业发展阶段的分析 [J]．科技进步与对策，2017，34（10）：83－89.

[227] 李华昌，嵇安奕，李华晶．动态复杂环境下高层管理者的创业型领导角色探析 [J]．商业时代，2009（19）：128－129.

[228] 李华晶，张玉利．创业型领导：公司创业中高管团队的新角色[J]．软科学，2006，20（3）：137－140.

[229] 李剑力．探索性创新、开发性创新与企业绩效关系研究——基于冗余资源调节效应的实证分析 [J]．科学学研究，2009，27（9）：1418－1427.

[230] 李剑力．战略型创业研究评介 [J]．外国经济与管理，2007（9）：19－25.

[231] 李健，李晏墅．制造业组织冗余、两职兼任与企业绩效——基于中国上市面板数据的实证研究 [J]．工业技术经济，2013（4）：83－89.

[232] 李健，潘镇，陈景仁．制造业企业期望绩效反馈效果对组织冗余结构的影响及后果 [J]．管理评论，2018，30（11）：198－208.

[233] 李林杰，张晓慧．成本粘性、组织冗余与公司绩效 [J]．财会通讯，2019（15）：59－62＋67.

[234] 李妹，高山行．环境不确定性、组织冗余与原始性创新的关系研究[J]．管理评论，2014，26（1）：47－56.

[235] 李妹，高山行．企业家导向，市场导向与企业绩效的关系研究——一项基于组织冗余调节效应的实证分析 [J]．科技进步与对策，2012，29（4）：63－69.

[236] 李晓翔，刘春林．高流动性冗余资源还是低流动性冗余资源——一项关于组织冗余结构的经验研究 [J]．中国工业经济，2010（7）：94－103.

［237］李晓翔，刘春林．困难情境下组织冗余作用研究：兼谈市场搜索强度的调节作用［J］．南开管理评论，2013，16（3）：140 – 148.

［238］李晓翔，刘春林．冗余资源与企业绩效关系的情境研究——兼谈冗余资源的数量变化［J］．南开管理评论，2011，14（3）：4 – 14.

［239］李效云，王重鸣．企业领导愿景的内容和结构研究［J］．软科学，2005（3）：7 – 9.

［240］李新春，梁强，宋丽红．外部关系—内部能力平衡与新创企业成长——基于创业者行为视角的实证研究［J］．中国工业经济，2010（12）：97 – 107.

［241］林海芬，苏敬勤．中国企业管理情境的形成根源、构成及内化机理［J］．管理学报，2017，14（2）：159 – 167.

［242］林琳，陈万明．创业导向，双元创业学习与新创企业绩效关系研究［J］．经济问题探索，2016（2）：63 – 70.

［243］林嵩，姜彦福．创业网络推进创业成长的机制研究［J］．中国工业经济，2009（8）：109 – 118.

［244］刘冰，符正平，邱兵．冗余资源、企业网络位置与多元化战略［J］．管理学报，2011，8（12）：1792 – 1801.

［245］刘伯龙，王弘钰．创业型领导与团队有效性的关系研究［J］．工业技术经济，2019，38（4）：126 – 132.

［246］刘端，王雅帆，陈收．财务冗余对企业竞争战略选择的影响——基于中国制造业全行业实证数据［J］．系统管理学报，2018，27（2）：208 – 218.

［247］刘井建．创业学习，动态能力与新创企业绩效的关系研究——环境动态性的调节［J］．科学学研究，2011，29（5）：728 – 734.

［248］刘星，金占明．国外组织冗余研究进展评述和矩阵式冗余分类［J］．技术经济，2017，36（11）：49 – 54.

［249］刘追，陈艳．国外创业型领导测量研究回顾及展望［J］．科技进步与对策，2015，32（10）：155 – 160.

［250］梅小敏．中国情境下制造业服务化与财务绩效的关系研究——基于组织冗余、组织合法性的调节作用［D］．大连理工大学，2018.

［251］倪宁，王重鸣．创业学习研究领域的反思［J］．科研管理，2005，26（6）：94 – 98.

［252］彭伟, 符正平. 权变视角下联盟网络与新创企业成长关系研究［J］. 管理学报, 2014, 11（5）: 659 - 668.

［253］彭伟, 顾汉杰, 符正平. 联盟网络, 组织合法性与新创企业成长关系研究［J］. 管理学报, 2013, 10（12）: 1760 - 1769.

［254］彭伟, 金丹丹, 符正平. 双重网络嵌入, 双元创业学习与海归创业企业成长关系研究［J］. 管理评论, 2018, 30（12）: 63 - 75.

［255］曲维鹏. 创业型领导行为及其与创业绩效的关系研究——青岛创业模式初探［D］. 杭州: 浙江大学, 2005.

［256］沈超红, 罗亮. 创业成功关键因素与创业绩效指标研究［J］. 中南大学学报（社会科学版）, 2006, 12（2）: 231 - 235.

［257］史娟. 深圳市创业型领导行为、创业导向与创业绩效研究［D］. 北京: 北京交通大学, 2012.

［258］史亚洲. 改革开放 40 年经济改革成就、特征与经验［J］. 西安财经学院学报, 2019, 32（4）: 30 - 37.

［259］苏昕, 刘昊龙. 多元化经营对研发投入的影响机制研究——基于组织冗余的中介作用［J］. 科研管理, 2018, 39（1）: 126 - 134.

［260］孙婧, 沈志渔. 权变视角下外部搜索对产品创新绩效的影响: 组织冗余的调节作用［J］. 南方经济, 2014（9）: 1 - 13.

［261］孙永风, 李垣, 廖貅武. 基于不同战略导向的创新选择与控制方式研究［J］. 管理工程学报, 2007, 21（4）: 24 - 30.

［262］孙元媛. 双元创业学习、创业拼凑对新企业生存绩效的影响研究［D］. 武汉: 武汉工程大学, 2018.

［263］王分棉, 张鸿. 环境不确定性、高管特征与组织冗余——来自中国上市公司的证据［J］. 中央财经大学学报, 2016（4）: 102 - 111.

［264］王海花, 谢萍萍, 熊丽君. 创业网络、资源拼凑与新创企业绩效的关系研究［J］. 管理科学, 2019, 32（2）: 50 - 66.

［265］王弘钰, 刘伯龙. 创业型领导研究述评与展望［J］. 外国经济与管理, 2018, 40（4）: 84 - 95.

［266］王璐, 高鹏. 扎根理论及其在管理学研究中的应用问题探讨［J］. 外国经济与管理, 2010, 32（12）: 10 - 18.

［267］王艳, 贺新闻, 梁莱歆. 不同产权性质下企业组织冗余与自主创新投

入关系研究——来自中国上市公司的经验数据［J］．科学学与科学技术管理，2011，32（7）：140－147．

［268］王永健，谢卫红，王田绘，等．强弱关系与突破式创新关系研究——吸收能力的中介作用和环境动态性的调节效应［J］．管理评论，2016，28（10）：111－122．

［269］王勇．组织韧性、战略能力与新创企业成长关系研究［J］．中国社会科学院研究生院学报，2019，229（1）：68－77．

［270］王重鸣，阳浙江．创业型领导理论研究及发展趋势［J］．心理科学，2006，29（4）：774－777．

［271］温忠麟，叶宝娟．中介效应分析：方法和模型发展［J］．心理科学进展，2014，22（5）：731－745．

［272］文亮，刘炼春，李海珍．中小企业创业者能力与创业绩效关系的实证研究［J］．系统工程，2011，29（11）：78－83．

［273］文晓立，陈春花．过程导向的创业型领导研究述评与展望［J］．领导科学，2018（29）：25－28．

［274］吴航．企业实施探索性与利用性国际化战略的组织冗余限制——基于稀缺性与吸收性的维度划分［J］．重庆大学学报（社会科学版），2017，23（5）：41－50．

［275］吴长征．创业者受教育水平影响新创企业成长吗？——地区市场化水平的调节效应［J］．中山大学学报（社会科学版），2019，59（1）：199－208．

［276］向娟．内隐追随和团队自省性调节下的创业型领导与员工建言：心理授权的中介作用［D］．重庆：重庆大学，2017．

［277］肖红军，李井林．责任铁律的动态检验：来自中国上市公司并购样本的经验证据［J］．管理世界，2018（7）：114－135．

［278］徐娟．创业型领导行为与创业绩效关系研究［D］．广州：暨南大学，2013．

［279］徐占东，陈文娟．大学生创业特质、创业动机及新创企业成长关系研究［J］．科技进步与对策，2017，34（2）：51－57．

［280］闫华飞，孙元媛．双元创业学习，创业拼凑与新企业成长绩效的关系研究［J］．管理学刊，2019，32（3）：41－51．

［281］严若森，华小丽，钱晶晶．组织冗余及产权性质调节作用下连锁董事

网络对企业创新投入的影响研究［J］．管理学报，2018，15（2）：217-229.

［282］阎美君．创业型领导者对创业绩效影响研究——以情绪智力为中介变量［D］．重庆：西南大学，2018.

［283］杨斌，陈生民．新生代创业型领导者的中国梦之路［J］．清华管理评论，2016（5）：14-25.

［284］杨昊．宗庆后：自主创新企业勃兴［J］．中国品牌，2018（S2）：36-37.

［285］杨静，王重鸣．基于多水平视角的女性创业型领导对员工个体主动性的影响过程机制：LMX的中介作用［J］．经济与管理评论，2016，32（1）：63-71.

［286］杨静，王重鸣．女性创业型领导：多维度结构与多水平影响效应［J］．管理世界，2013（9）：102-117.

［287］杨静．创业型领导研究述评［J］．中国人力资源开发，2012（8）：5-9.

［288］杨隽萍，唐鲁滨，于晓宇．创业网络、创业学习与新创企业成长［J］．管理评论，2013，25（1）：24-33.

［289］于飞，刘明霞．组织演化理论视角下的股权结构与子公司生存——环境突变、冗余资源的调节作用［J］．中国管理科学，2014，22（5）：138-148.

［290］于晓宇，蔡莉．失败学习行为、战略决策与创业企业创新绩效［J］．管理科学学报，2013，16（12）：37-56.

［291］于晓宇．创业失败研究评介与未来展望［J］．外国经济与管理，2011，33（9）：19-26.

［292］张海丽，张晓棠，宋熊熊．初创战略导向对新创企业存活率的影响机制［J］．科技进步与对策，2019，36（17）：20-27.

［293］张红，葛宝山．创业学习、机会识别与商业模式——基于珠海众能的纵向案例研究［J］．科学学与科学技术管理，2016，37（6）：123-136.

［294］张健，姜彦福，林强．创业理论研究与发展动态［J］．经济学动态，2003（5）：71-74.

［295］张龙，刘洪．企业吸收能力影响因素研究述评［J］．生产力研究，2003（3）：292-294.

［296］张翔，丁栋虹．创业型领导对新创企业绩效影响的中介机制研究——

组织学习能力与战略柔性的多重中介效应分析 [J]. 江汉学术, 2016, 35 (5): 14 – 22.

[297] 张翔. 创业型领导、能力柔性与新创企业绩效——基于环境动态性的调节作用分析 [J]. 黄河科技大学学报, 2017, 19 (5): 87 – 95.

[298] 张秀娥, 孙中博, 王冰. 创业团队异质性对创业绩效的影响——基于对七省市 264 家创业企业的调研分析 [J]. 华东经济管理, 2013 (7): 112 – 115.

[299] 张秀娥, 徐雪娇. 创业学习与新创企业成长: 一个链式中介效应模型 [J]. 研究与发展管理, 2019, 31 (2): 11 – 19.

[300] 张秀娥, 张坤. 创业导向对新创社会企业绩效的影响——资源拼凑的中介作用与规制的调节作用 [J]. 科技进步与对策, 2018, 35 (9): 91 – 99.

[301] 张秀娥, 赵敏慧. 创业成功的内涵, 维度及其测量 [J]. 科学学研究, 2018, 36 (3): 474 – 483.

[302] 张秀娥, 赵敏慧. 创业学习、创业能力与创业成功间关系研究回顾与展望 [J]. 经济管理, 2017, 39 (6): 194 – 208.

[303] 张玉利, 杨俊, 戴燕丽. 中国情境下的创业研究现状探析与未来研究建议 [J]. 外国经济与管理, 2012, 34 (1): 1 – 9.

[304] 张玉利. 新经济时代的创业与管理变革 [J]. 外国经济与管理, 2005, 27 (1): 2 – 6 + 14.

[305] 赵彩虹, 宋洋, 文正再, 等. 产业集聚对新创企业成长的作用机制研究 [J]. 工业技术经济, 2019, 38 (11): 153 – 160.

[306] 赵洁. 所有权结构对组织冗余与企业绩效的影响研究——基于委托人—委托人冲突视角 [J]. 西安交通大学学报（社会科学版）, 2013, 33 (3): 46 – 51.

[307] 赵立祥, 张文源. 创业投资对组织冗余与企业绩效关系的影响研究 [J]. 当代经济科学, 2015, 37 (2): 114 – 123.

[308] 赵文红, 孙万清, 王垚. 创业者社会网络, 市场信息对新企业绩效的影响研究 [J]. 科学学研究, 2013, 31 (8): 1216 – 1223.

[309] 赵文红, 孙万清. 创业者的先前经验, 创业学习和创业绩效的关系研究 [J]. 软科学, 2013, 27 (11): 53 – 57.

[310] 赵兴庐, 张建琦. 资源拼凑与企业绩效——组织结构和文化的权变影

响 [J]．经济管理，2016，38（5）：165－175.

[311] 周国强，杨书阅．中小企业资源冗余与财务绩效的交互跨期影响 [J]．财会月刊，2018，32（12）：9－14.

[312] 周键．创业激情对创业成长的影响及作用机制研究 [J]．科学学与科学技术管理，2016，37（12）：82－91.

[313] 朱福林，黄艳．网络强度、组织冗余与创新模式——对200家样本企业问卷调研数据的实证检验 [J]．科技进步与对策，2019，36（14）：1－9.

[314] 朱仁宏，周琦，伍兆祥．创业团队契约治理真能促进新创企业绩效吗——一个有调节的中介模型 [J]．南开管理评论，2018，21（5）：30－40.

[315] 朱秀梅，费宇鹏．关系特征，资源获取与初创企业绩效关系实证研究 [J]．南开管理评论，2010，13（3）：125－135.

[316] 朱秀梅，孔祥茜，鲍明旭．学习导向与新企业竞争优势：双元创业学习的中介作用研究 [J]．研究与发展管理，2014（2）：9－16.

[317] 朱秀梅，肖雪．变革领导力与双元创业学习：雇员创造力的中介作用研究 [J]．社会科学战线，2014（8）：254－256.

[318] 祝振铎，李非．创业拼凑，关系信任与新企业绩效实证研究 [J]．科研管理，2017，38（7）：108－116.

[319] 祝振铎，李非．创业拼凑对新企业绩效的动态影响——基于中国转型经济的证据 [J]．科学学与科学技术管理，2014，35（10）：124－132.

[320] 邹国庆，倪昌红．经济转型中的组织冗余与企业绩效：制度环境的调节作用 [J]．中国工业经济，2010（11）：120－129.

附录1 创业型领导测量的
调查问卷（第一轮）

尊敬的女士/先生：

您好！我们目前正在开展一项关于创业型领导的学术研究课题。十分感谢您在百忙之中抽空参与本课题的问卷调查，调查采取匿名方式作答，所填数据仅作学术研究使用，不涉及其他任何用途，敬请放心填写。

感谢您的支持！祝您工作顺利，万事如意！

一、基本资料（请在方框中打"√"或标红）

1. 您的性别：□男　□女

2. 您的年龄：□25 岁及以下（含 25 岁）　□26～30 岁　□31～35 岁 □36～40 岁　□41 岁及以上

3. 您的学历：□初中及以下　□高中或中专　□大专　□本科　□研究生及以上

4. 您在目前的公司工作了_____年。

5. 您的工作职位级别：

□普通员工　□基层管理者　□中层管理者　□高层管理者

6. 您的工作性质：

□业务销售　□行政人事　□生产制造　□技术研发　□其他

7. 您公司 CEO 的性别：□男　□女

8. 您公司 CEO 的学历：

□初中及以下　□高中或中专　□大专　□本科　□研究生及以上

9. 您所在公司的成立年限:

□1 年以下　□1~3 年　□4~6 年　□7~10 年　□10 年以上

10. 您所在公司的员工人数:

□50 人以下　□50~100 人　□101~200 人　□201~500 人　□500 人以上

11. 您所在公司的性质:

□行政事业单位　□国有企业　□外资企业（含中外合资）　□民营企业
□其他

12. 您所在公司的所属行业:

□制造业　□服务业　□科技业　□零售业　□建筑业　□其他

二、请根据您公司 CEO 的实际情况，在最能代表您意见或感觉的数字上打"√"或标红或标粗。（"1"指"非常不同意"，"5"指"非常同意"）

	非常 不同意	一般 不同意	不确定	一般同意	非常同意
他/她善于在行业竞争中洞察潜在机会和经营危机	1	2	3	4	5
他/她常常从整体视角来思考问题	1	2	3	4	5
他/她能通过多种渠道进行信息的收集	1	2	3	4	5
他/她善于对组织所处的内外部环境进行分析	1	2	3	4	5
他/她对企业未来的发展态势有自己的见解	1	2	3	4	5
他/她能与供应商、客户建立和保持良好的商业关系	1	2	3	4	5
他/她能与政府部门建立良好的公共关系	1	2	3	4	5
他/她能与同行业竞争者建立良好的竞争合作关系	1	2	3	4	5
他/她能在企业内部构建自己的核心人力资源网络	1	2	3	4	5
他/她能有效地处理衰落和危险的关系	1	2	3	4	5
他/她会鼓励下属在工作方法上进行创新	1	2	3	4	5
他/她会鼓励下属从多角度思考问题	1	2	3	4	5
他/她会简化工作流程来释放下属的创造力	1	2	3	4	5
他/她不会苛责因尝试创新而失败的下属	1	2	3	4	5
他/她在处理问题时思想开放	1	2	3	4	5

续表

	非常 不同意	一般 不同意	不确定	一般同意	非常同意
他/她对成功有着较为强烈的渴望	1	2	3	4	5
他/她会向下属描述一个令人信服的愿景	1	2	3	4	5
他/她会激励下属为创业目标而努力工作	1	2	3	4	5
他/她对工作充满热情	1	2	3	4	5
他/她对公司的未来充满希望	1	2	3	4	5
他/她能为了适应企业需求改变对自己的角色定位	1	2	3	4	5
他/她能按企业内部环境变化改变人力资源配置	1	2	3	4	5
他/她能充分利用资源进行机会开发	1	2	3	4	5
他/她能根据现有资源灵活决策	1	2	3	4	5
他/她能根据形势变化设立阶段性目标	1	2	3	4	5

再次感谢您对本次调研的大力支持!

附录2 创业型领导测量的
调查问卷（第二轮）

尊敬的女士/先生：

您好！我们目前正在开展一项关于创业型领导的学术研究课题。十分感谢您在百忙之中抽空参与本课题的问卷调查，调查采取匿名方式作答，所填数据仅作学术研究使用，不涉及其他任何用途，敬请放心填写。

感谢您的支持！祝您工作顺利，万事如意！

一、基本资料（请在方框中打"√"或标红）

1. 您的性别：□男　□女

2. 您的年龄：□25 岁及以下（含 25 岁）　□26 ~ 30 岁　□31 ~ 35 岁　□36 ~ 40 岁　□41 岁及以上

3. 您的学历：□初中及以下　□高中或中专　□大专　□本科　□研究生及以上

4. 您在目前的公司工作了_____年。

5. 您的工作职位级别：

□普通员工　□基层管理者　□中层管理者　□高层管理者

6. 您的工作性质：

□业务销售　□行政人事　□生产制造　□技术研发　□其他

7. 您公司 CEO 的性别：□男　□女

8. 您公司 CEO 的学历：

□初中及以下　□高中或中专　□大专　□本科　□研究生及以上

9. 您所在公司的成立年限：

□1 年以下 □1～3 年 □4～6 年 □7～10 年 □10 年以上

10. 您所在公司的员工人数：

□50 人以下 □50～100 人 □101～200 人 □201～500 人 □500 人以上

11. 您所在公司的性质：

□行政事业单位 □国有企业 □外资企业（含中外合资） □民营企业 □其他

12. 您所在公司的所属行业：

□制造业 □服务业 □科技业 □零售业 □建筑业 □其他

二、请根据您公司 CEO 的实际情况，在最能代表您意见或感觉的数字上打"√"或标红或标粗。（"1"指"非常不同意"，"5"指"非常同意"）

	非常不同意	一般不同意	不确定	一般同意	非常同意
他/她善于在行业竞争中洞察潜在机会和经营危机	1	2	3	4	5
他/她常常从整体视角来思考问题	1	2	3	4	5
他/她能通过多种渠道进行信息的收集	1	2	3	4	5
他/她能与供应商、客户建立和保持良好的商业关系	1	2	3	4	5
他/她能与政府部门建立良好的公共关系	1	2	3	4	5
他/她能与同行业竞争者建立良好的竞争合作关系	1	2	3	4	5
他/她会鼓励下属在工作方法上进行创新	1	2	3	4	5
他/她会鼓励下属从多角度思考问题	1	2	3	4	5
他/她会简化工作流程来释放下属的创造力	1	2	3	4	5
他/她不会苛责因尝试创新而失败的下属	1	2	3	4	5
他/她在处理问题时思想开放	1	2	3	4	5
他/她对成功有着较为强烈的渴望	1	2	3	4	5
他/她对工作充满热情	1	2	3	4	5

续表

	非常 不同意	一般 不同意	不确定	一般同意	非常同意
他/她对公司的未来充满希望	1	2	3	4	5
他/她能为了适应企业需求改变对自己的角色定位	1	2	3	4	5
他/她能按企业内部环境变化改变人力资源配置	1	2	3	4	5
他/她能充分利用资源进行机会开发	1	2	3	4	5

再次感谢您对本次调研的大力支持！

附录3 创业型领导测量的 调查问卷（第三轮）

尊敬的女士/先生：

您好！我们目前正在开展一项关于创业型领导的学术研究课题。十分感谢您在百忙之中抽空参与本课题的问卷调查，调查采取匿名方式作答，所填数据仅作学术研究使用，不涉及其他任何用途，敬请放心填写。

感谢您的支持！祝您工作顺利，万事如意！

一、基本资料（请在方框中打"√"或标红）

1. 您的性别：□男　□女

2. 您的年龄：□25 岁及以下（含 25 岁）　□26～30 岁　□31～35 岁 □36～40 岁　□41 岁及以上

3. 您的学历：□初中及以下　□高中或中专　□大专　□本科　□研究生及以上

4. 您在目前的公司工作了＿＿＿＿年。

5. 您的工作职位级别：

□普通员工　□基层管理者　□中层管理者　□高层管理者

6. 您的工作性质：

□业务销售　□行政人事　□生产制造　□技术研发　□其他

7. 您公司 CEO 的性别：□男　□女

8. 您公司 CEO 的学历：

□初中及以下　□高中或中专　□大专　□本科　□研究生及以上

9. 您所在公司的成立年限：

□1 年以下　□1~3 年　□4~6 年　□7~10 年　□10 年以上

10. 您所在公司的员工人数：

□50 人以下　□50~100 人　□101~200 人　□201~500 人　□500 人以上

11. 您所在公司的性质：

□行政事业单位　□国有企业　□外资企业（含中外合资）　□民营企业 □其他

12. 您所在公司的所属行业：

□制造业　□服务业　□科技业　□零售业　□建筑业　□其他

二、请根据您公司 CEO 的实际情况，在最能代表您意见或感觉的数字上打 "√" 或标红或标粗。（"1" 指 "非常不同意"，"5" 指 "非常同意"）

	非常 不同意	一般 不同意	不确定	一般同意	非常同意
他/她善于在行业竞争中洞察潜在机会和经营危机	1	2	3	4	5
他/她常常从整体视角来思考问题	1	2	3	4	5
他/她能通过多种渠道进行信息的收集	1	2	3	4	5
他/她能与供应商、客户建立和保持良好的商业关系	1	2	3	4	5
他/她能与政府部门建立良好的公共关系	1	2	3	4	5
他/她能与同行业竞争者建立良好的竞争合作关系	1	2	3	4	5
他/她会鼓励下属在工作方法上进行创新	1	2	3	4	5
他/她会鼓励下属从多角度思考问题	1	2	3	4	5
他/她会简化工作流程来释放下属的创造力	1	2	3	4	5
他/她不会苛责因尝试创新而失败的下属	1	2	3	4	5
他/她在处理问题时思想开放	1	2	3	4	5
他/她对成功有着较为强烈的渴望	1	2	3	4	5
他/她对工作充满热情	1	2	3	4	5
他/她对公司的未来充满希望	1	2	3	4	5

续表

	非常 不同意	一般 不同意	不确定	一般同意	非常同意
他/她能为了适应企业需求改变对自己的角色定位	1	2	3	4	5
他/她能按企业内部环境变化改变人力资源配置	1	2	3	4	5
他/她能充分利用资源进行机会开发	1	2	3	4	5

三、此量表是测量组织变革期间员工对组织变革的态度和看法，请根据您的实际情况，在最能代表您意见或感觉的数字上打"√"或标红或标粗。（"1"指"非常不同意"，"5"指"非常同意"）

	非常 不同意	一般 不同意	不确定	一般同意	非常同意
我相信这次变革是有价值的	1	2	3	4	5
这次变革对组织而言是一个良好的战略	1	2	3	4	5
我认为引入这次变革在管理上是正确的	1	2	3	4	5
这次变革的发起是为了一个重要的目标	1	2	3	4	5
进行这项变革会使情况变得更好	1	2	3	4	5
这次变革是有必要的	1	2	3	4	5

四、请您根据贵公司的实际情况，在最能代表您意见或感觉的数字上打"√"或标红或标粗。（"1"指"非常不同意"，"5"指"非常同意"）

	非常 不同意	一般 不同意	不确定	一般同意	非常同意
能在企业和市场上引入全新的产品	1	2	3	4	5
能在企业创新中引入全新理念	1	2	3	4	5
能在创新中引入和开发新的技术	1	2	3	4	5
能创造全新的技术和工艺拓展现有市场	1	2	3	4	5

再次感谢您对本次调研的大力支持！

附录4 创业型领导影响新创企业成长的调查问卷

尊敬的女士/先生：

您好！

我们目前正在开展一项有关"创业型领导对新创企业成长的作用机制"的学术研究，需要开展大规模的问卷调查工作。我们郑重地承诺："我们所收集到的数据仅供学术研究使用，不会泄露您所在公司的任何商业信息，更不会泄露您个人的隐私。"在研究过程中不会刻意去关注某个领导者或某个员工，只是从大规模的数据中去分析背后的管理规律。请您放心填答问卷。

感谢您的支持！祝您工作顺利，万事如意！

一、以下是企业的基本信息，请您根据您所在企业的情况填入信息或者进行选择

1. 贵公司成立于_____年。

2. 您所在公司的员工人数：

□20人以下 □21~50人 □51~100人 □101~200人 □201~500人
□501~1000人 □1000人以上

3. 贵公司目前主营业务所属行业是：

□电子信息 □机械制造 □新材料新能源 □生物医药 □食品化工
□其他

二、请根据贵公司创始人的实际情况，在最能代表您意见或感觉的数字上打"√"或标红或标粗

备注："1"指"非常不同意"，"2"指"比较不同意"，"3"指"不确定"，"4"指"比较同意"，"5"指"非常同意"；从"1"到"5"，表示"越来越同意"。

他/她善于在行业竞争中洞察潜在机会和经营危机	①	②	③	④	⑤
他/她常常从整体视角来思考问题	①	②	③	④	⑤
他/她能通过多种渠道进行信息的收集	①	②	③	④	⑤
他/她能为了适应企业需求改变对自己的角色定位	①	②	③	④	⑤
他/她能按企业内部环境变化改变人力资源配置	①	②	③	④	⑤
他/她能充分利用资源进行机会开发	①	②	③	④	⑤
他/她能与供应商、客户建立和保持良好的商业关系	①	②	③	④	⑤
他/她能与政府部门建立良好的公共关系	①	②	③	④	⑤
他/她能与同行业竞争者建立良好的竞争合作关系	①	②	③	④	⑤
他/她对成功有着较为强烈的渴望	①	②	③	④	⑤
他/她对工作充满热情	①	②	③	④	⑤
他/她对公司的未来充满希望	①	②	③	④	⑤
他/她会鼓励下属在工作方法上进行创新	①	②	③	④	⑤
他/她会鼓励下属从多角度思考问题	①	②	③	④	⑤
他/她会简化工作流程来释放下属的创造力	①	②	③	④	⑤
他/她不会苛责因尝试创新而失败的下属	①	②	③	④	⑤
他/她在处理问题时思想开放	①	②	③	④	⑤

三、以下是对贵公司创业学习情况的描述，在最能代表您意见或感觉的数字上打"√"

备注："1"指"非常不同意"，"2"指"比较不同意"，"3"指"不确定"，"4"指"比较同意"，"5"指"非常同意"；从"1"到"5"，表示"越来越同意"。

近年来，贵公司获得了对企业而言全新的创业产品和技能	①	②	③	④	⑤
近年来，贵公司获得了全新的产品开发技术来开发创新机会	①	②	③	④	⑤

备注："1"指"非常不同意","2"指"比较不同意","3"指"不确定","4"指"比较同意","5"指"非常同意";从"1"到"5",表示"越来越同意"。

近年来,贵公司利用全新管理和组织技能开发创新机会	①	②	③	④	⑤
近年来,贵公司获得了投资开发新技术、研发职能配置、研发和工程人员培训及开发等领域的新知识和技能整合创新资源	①	②	③	④	⑤
近年来,贵公司获得了对行业而言全新的创业知识和技能	①	②	③	④	⑤
贵公司在熟悉的产品和技术领域升级了已有的知识和技能	①	②	③	④	⑤
贵公司加强已有技术的升级和提高机会开发效率	①	②	③	④	⑤
贵公司积极寻找顾客问题的解决办法,提高创新资源的利用效率	①	②	③	④	⑤
贵公司在已拥有一定经验的新产品开发中进一步提升创新技能	①	②	③	④	⑤
贵公司不断积累创业知识和经验以提高创业活动的效率	①	②	③	④	⑤

四、以下是对贵公司成长情况的描述,在最能代表您意见或感觉的数字上打"√"

备注："1"指"非常不同意","2"指"比较不同意","3"指"不确定","4"指"比较同意","5"指"非常同意";从"1"到"5",表示"越来越同意"。

与行业平均水平相比,贵公司近3年的销售额增长率	①	②	③	④	⑤
与行业平均水平相比,贵公司近3年的市场份额增长率	①	②	③	④	⑤
与行业平均水平相比,贵公司近3年的员工规模增长率	①	②	③	④	⑤

五、以下是对贵公司资源利用方面的描述，在最能代表您意见或感觉的数字上打"√"

备注："1"指"非常不同意"，"2"指"比较不同意"，"3"指"不确定"，"4"指"比较同意"，"5"指"非常同意"；从"1"到"5"，表示"越来越同意"。

贵公司采用的工艺设备或技术比较先进，但是没有被充分利用	①	②	③	④	⑤
贵公司拥有的专门技术人才相对比较多，还有进一步开发的余地	①	②	③	④	⑤
贵公司目前的运营低于设计能力	①	②	③	④	⑤
贵公司的留存收益足以支持市场扩张	①	②	③	④	⑤
贵公司内部有足够的财务资源可以用于自由支配	①	②	③	④	⑤
贵公司能够在需要时获得银行贷款或其他金融机构资助	①	②	③	④	⑤
贵公司拥有较多的潜在关系资源可以利用	①	②	③	④	⑤

问卷到此结束，十分感谢您的参与和支持！谢谢！

后　记

　　本书是教育部人文社科基金项目"中国组织情境下创业型领导研究：结构、测量及其对新创企业成长的作用机制"（14YJA630003）的研究成果。自 2014 年起，在教育部人文社科基金项目的资助下，我们团队聚焦创业型领导行为主题，综合运用多种研究方法，就中国情境下创业型领导的结构维度、本土量表开发及其对新创企业成长的作用机制等问题开展了一系列研究工作。

　　从某种意义上来说，本书是我们团队集体智慧的结晶。我们指导的硕士生朱晴雯、毛伟、李刚深度参与了本项目研究，他们硕士论文的部分成果在本书前五章均有体现，硕士生马越、赵帅、夏靖婷、包希慧、徐晓玮、殷悦也在研究过程乃至成书阶段付出了自己的努力。其中，朱晴雯、徐晓玮、马越参与了第 1 章、第 2 章、第 3 章、第 4 章、第 6 章的撰写工作，赵帅、包希慧、夏靖婷、殷悦参与了第 2 章、第 6 章的撰写工作。他们的辛勤工作为本书的顺利完成做出了较大贡献。

　　在项目开展过程中，我们得到了很多组织机构及亲朋好友们的支持和帮助。常州市高新区管委会、武进高新区管委会、天宁经济开发区管委会、西太湖经济开发区管委会等相关政府部门对我们的实地调研工作给予了大力支持；诸多受访者对我们的访谈和问卷调查工作给予了理解和支持。在此，我们要向他们表达最诚挚的谢意！此外，我们要衷心感谢经济管理出版社张巧梅编辑在本书的编校、出版过程中的辛劳付出，感谢她给予我们的大力支持！

　　由于时间精力、研究能力等多方面的限制，本书难免存在纰漏之处，恳请广大读者批评指正。

陈奎庆　彭伟

2019 年 8 月